A CONSTRUÇÃO DO INIMIGO

Análise comparativa do Bolsonarismo com os totalitarismos do século XX

Raul G. M. Silva

A CONSTRUÇÃO DO INIMIGO

Análise comparativa do Bolsonarismo com os totalitaris-
mos do século XX

Raul G. M. Silva

Mundi Ex-Libri
Edições

Editora
Mundi Ex-Libri Edições

Capa
Michael Mayck da Silva Andrade

Organização e Preparação
Raul G. M. Silva

Checagem
Raul G. M. Silva

Diagramação
Raul G. M Silva

Revisão
Claudimary Laleska Felix L. Menezes
Raul G. M. Silva

1ª edição, 2023

S586a

SILVA, RAUL G. M., 1991
A CONSTRUÇÃO DO INIMIGO: *Análise comparativa do Bolsonarismo com os totalitarismos do século XX* / Raul G. M. Silva; Arcoverde: Mundi Ex-Libri edições, 2023. — 1ª edição

0p; 14x21 cm
ISBN 13:
ISBN 10:

1. Ciências Políticas. 2. Situação Política. I. Título

CDD: 320.9
CDU: 329.0

Mundi Ex-Libri Edições
Rua Sebastião de Freitas Lima, 212 – A
56503-650 Arcoverde PE
WhatsApp (87) 9 9965 2411
mundiexlibri2.0@gmail.com

PREFÁCIO DO AUTOR

É com grande satisfação que apresento este livro, que trata de temas tão importantes e atuais para a nossa sociedade. *Análise comparativa do bolsonarismo com os totalitarismos do século XX* é uma obra que nos leva a refletir sobre o avanço do autoritarismo e da polarização política em nosso país.

Ao longo de seus capítulos, procurei apresentar de forma clara e objetiva as origens e características dos regimes totalitários do século XX, como o Nazismo e o Fascismo, e como esses regimes influenciam o bolsonarismo. Além disso, são analisadas as estratégias de propaganda e controle da mídia no bolsonarismo, a economia neoliberal e suas conexões com o fascismo, a disseminação do discurso de ódio como instrumento de manipulação política, a polarização ideológica no Brasil e o papel da justiça na luta contra o autoritarismo.

A obra traz uma análise profunda e crítica sobre o atual momento político do Brasil, em que o bolsonarismo tem ameaçado os pilares da democracia e da liberdade.

Ao mesmo tempo, procurei apresentar caminhos para enfrentar essas ameaças e para fortalecer a democracia, ressaltando a importância do engajamento social e da atuação das instituições democráticas.

Em um momento em que a sociedade brasileira enfrenta grandes desafios e incertezas, acredito que esta obra possa ser uma contribuição valiosa para o debate público e para a defesa dos valores democráticos. Espero que esta leitura possa contribuir para uma reflexão crítica sobre o nosso presente e para a construção de um futuro mais justo e democrático.

Raul G. M. Silva

Arcoverde, 22 de janeiro de 2023

APRESENTAÇÃO

A construção do inimigo é um livro que se propõe a fazer uma análise comparativa entre o bolsonarismo e os regimes totalitários do século XX, como o Nazismo e o Fascismo. Para isso, são abordadas diferentes temáticas ao longo de seus capítulos, tais como as origens e características dos regimes autoritários do passado e sua influência no bolsonarismo, a disseminação do discurso de ódio como instrumento de controle e manipulação política, a economia neoliberal e suas conexões com o fascismo, as estratégias de propaganda e controle da mídia e a polarização política no Brasil.

A obra também dedica uma atenção especial ao papel da justiça na luta contra o autoritarismo, analisando a relação do judiciário brasileiro com o bolsonarismo e como ele pode ser uma das principais ferramentas para combater o avanço do autoritarismo no país.

Além de analisar o fenômeno do bolsonarismo, *A construção do inimigo* também busca apresentar uma visão crítica sobre as origens e características dos regimes autoritários do século XX e como suas ideologias e práticas influenciam o cenário político atual. Ao longo dos capítulos, o leitor terá a oportunidade de conhecer em detalhes as estratégias de propaganda e controle da mídia utilizadas pelos regimes totalitários do passado e como elas se assemelham às práticas adotadas pelo bolsonarismo.

O livro também apresenta uma análise aprofundada sobre a economia neoliberal e suas conexões com o fascismo, demonstrando como as políticas econômicas adotadas pelo governo Bolsonaro contribuíram para o enfraquecimento da democracia e da liberdade.

A obra tem como objetivo trazer uma reflexão crítica sobre o momento atual do Brasil, buscando entender as semelhanças e diferenças com os regimes totalitários do passado, assim como apontar caminhos para enfrentar as ameaças à democracia e à liberdade. Ao final da leitura, espera-se que o leitor possa compreender a complexidade do fenômeno do bolsonarismo e suas implicações a sociedade brasileira, contribuindo para o debate público e a defesa da democracia.

Em suma, *A construção do inimigo* traz uma reflexão sobre o papel da polarização política no Brasil e sua relação com o bolsonarismo, além de apresentar propostas para enfrentar os desafios impostos pela atual conjuntura política. Em resumo, este livro é uma obra essencial para todos aqueles que buscam compreender as complexidades do cenário político atual e lutar pela defesa da democracia e da liberdade.

– SUMÁRIO –

Capítulo 1 – AUTOCRACIA, NAZISMO E FASCISMO:

ORIGENS E CARACTERÍSTICAS DOS REGIMES TO-TALITÁRIOS DO SÉCULO XX E SUA INFLUÊNCIA NO BOLSONARISMO

O SÉCULO XX foi marcado por diversos regimes totalitários que surgiram em diferentes partes do mundo, dentre os quais destacam-se o nazismo, o fascismo e a autocracia. Esses regimes apresentavam características em comum, como a concentração de poder nas mãos de um líder carismático, a supressão de direitos civis e políticos, a perseguição de minorias e o uso da violência como instrumento de controle social.

No Brasil, o governo liderado pelo presidente Jair Bolsonaro (2019-2022), tem sido alvo de críticas que o associam a esses regimes totalitários do século XX. Algumas das políticas e declarações do presidente, como a defesa da ditadura militar, a minimização do impacto da pandemia de Covid-19 e a perseguição de oponentes políticos, têm gerado polêmica e controvérsia, levantando questões sobre a natureza do regime político durante a sua administração como presidente da República.

Assim, este capítulo procura analisar as origens e características dos regimes totalitários do século XX, com ênfase no nazismo, fascismo e autocracia, e como esses regimes influenciaram o surgimento do bolsonarismo no Brasil de maneira a contribuir para o debate sobre a natureza do regime político no Brasil do Governo Bolsonaro, fornecendo subsídios para uma reflexão crítica e fundamentada sobre as semelhanças e diferenças entre os regimes totalitários do passado e o bolsonarismo.

ORIGENS DO NAZISMO E DO FASCISMO

O SURGIMENTO DO NAZISMO e do fascismo no século XX representa um dos episódios mais dramáticos da história mundial. Ambos os regimes totalitários apresentavam características em comum, como o nacionalismo, o culto à personalidade do líder, a perseguição de minorias e a supressão de direitos civis e políticos. Para entender as origens desses regimes, é necessário olhar para o contexto histórico em que surgiram.

O fascismo surgiu na Itália no período entre as duas guerras mundiais. De acordo com o historiador britânico Roger Griffin, o fascismo é "um tipo de ideologia política que procura se identificar com as massas populares ao mesmo tempo em que defende uma ditadura forte, uma elite governante e a repressão da dissidência" (GRIFFIN, 1991, p. 26). Mussolini, o fundador do Partido Fascista Italiano, afirmava que o fascismo era uma "revolução contra o marxismo" e que a única saída para a Itália era a construção de um Estado forte e autoritário.

Já o nazismo surgiu na Alemanha na década de 1920, liderado por Adolf Hitler e pelo Partido Nazista. Segundo o historiador britânico Ian Kershaw, o nazismo "não era apenas um movimento político, mas um movimento revolucionário que buscava nada menos que a transformação radical da sociedade alemã" (KERSHAW, 1998, p. 7). Hitler e seus seguidores pregavam o nacionalismo extremo, a superioridade da raça ariana e a necessidade de um líder forte para salvar a Alemanha.

As origens do nazismo e do fascismo podem ser encontradas nas crises políticas e econômicas que afetaram a Europa no período entre as guerras mundiais. Para Griffin, o fascismo surgiu como uma resposta à crise do liberalismo e da democracia representativa na Europa. O autor argumenta que "o fascismo é uma das muitas formas pelas quais as sociedades europeias tentaram enfrentar a crise do século XX" (GRIFFIN, 1991, p. 27).

O nazismo teve como pano de fundo a crise econômica que afetou a Alemanha após a Primeira Guerra Mundial. O historiador alemão Ernst Nolte argumenta que "o nazismo foi um movimento de massa que surgiu em um momento de crise profunda e que encontrou uma grande ressonância no povo alemão" (NOLTE, 1987, p. 9). Para Nolte, o nazismo foi uma tentativa de superar a crise econômica e política da Alemanha por meio de um movimento revolucionário que pregava a volta aos valores tradicionais e a construção de um Estado forte.

Em resumo, o surgimento do nazismo e do fascismo pode ser entendido como uma resposta à crise política e econômica que afetou a Europa no período entre as guerras mundiais. Esses regimes totalitários apresentavam características em comum, como o nacionalismo extremo e o culto à personalidade do líder, mas também tinham diferenças significativas em termos de ideologia e objetivos.

Para compreender como esses regimes influenciaram a história e a política posteriormente, é necessário olhar para os efeitos de suas ideologias e ações. No caso do nazismo, o regime alemão liderado por Hitler foi responsável por um dos episódios mais trágicos da história mundial, o Holocausto. De acordo com o historiador Timothy Snyder, o nazismo foi responsável por "um dos maiores genocídios da história" e por "uma série de crimes contra a humanidade" (SNYDER, 2010, p. 15). Além disso, o regime nazista foi responsável por desencadear a Segunda Guerra Mundial, que teve um impacto devastador em todo o mundo.

Já o fascismo italiano teve um impacto menor na história mundial, mas ainda assim foi responsável por uma série de violações aos direitos humanos e por uma repressão política significativa. O regime fascista de

Mussolini suprimiu a oposição política, restringiu a liberdade de imprensa e perseguiu minorias étnicas e religiosas.

A influência desses regimes totalitários na política atual pode ser observada em alguns movimentos políticos, como o bolsonarismo no Brasil. O bolsonarismo tem sido associado a ideias de autoritarismo, nacionalismo extremo e culto à personalidade do líder, características que também estavam presentes no nazismo e no fascismo. De acordo com a cientista política brasileira Denise Paiva, "o bolsonarismo é uma ideologia autoritária, que defende valores conservadores e se opõe ao pluralismo político" (PAIVA, 2020, p. 25).

O nazismo e o fascismo foram regimes totalitários que surgiram em um contexto de crise política e econômica na Europa no período entre as guerras mundiais. Esses regimes tiveram um impacto significativo na história mundial, sendo responsáveis por uma série de violações aos direitos humanos e por uma repressão política significativa. A influência desses regimes na política atual pode ser observada em alguns movimentos políticos, como o bolsonarismo no Brasil, que também apresenta características autoritárias e nacionalistas extremas.

CARACTERÍSTICAS DOS REGIMES TOTALITÁRIOS

OS REGIMES TOTALITÁRIOS são caracterizados por uma série de elementos que os distinguem de outros tipos de regimes políticos. Esses elementos foram identificados por vários autores, que analisaram as características dos regimes totalitários do século XX. Entre essas características, podemos destacar a centralização do poder, a supressão de direitos individuais e a repressão da oposição política.

Segundo o filósofo político italiano Norberto Bobbio, o totalitarismo se caracteriza por "uma concentração extrema de poder, um controle absoluto da sociedade e da vida individual, uma ideologia oficial e um partido único que monopoliza o poder político" (BOBBIO, 1997, p. 119). Essa concentração de poder é típica dos regimes totalitários, que têm como objetivo controlar todos os aspectos da vida política, social e cultural.

Outra característica dos regimes totalitários é a supressão de direitos individuais e a repressão da oposição política. A filósofa e política alemã Hannah Arendt destacou que os regimes totalitários são caracterizados pela "eliminação da esfera privada, a supressão da liberdade de pensamento, a destruição do sistema legal e a perseguição sistemática da oposição" (ARENDT, 1951, p. 8). Essa repressão da oposição é fundamental para manter o controle do regime e evitar a dissidência.

Além disso, os regimes totalitários têm uma ideologia oficial, que é difundida através da propaganda estatal e que busca justificar o controle absoluto do poder pelo partido único. O filósofo político francês François Furet destacou que o totalitarismo é "um regime que se funda em uma ideologia, que pretende ter resposta para todos os problemas sociais e políticos" (FURET, 1995, p. 67). Essa ideologia oficial é essencial para controlar a sociedade e criar uma cultura política que legitime o poder do partido único.

Os regimes totalitários do século XX foram caracterizados pela centralização do poder, supressão de direitos individuais e repressão da oposição política, além de uma ideologia oficial que buscava justificar o controle absoluto do poder pelo partido único. Essas características podem ser observadas em regimes totalitários históricos como o nazismo, o fascismo e o stalinismo, mas também podem ser identificadas em movimentos políticos contemporâneos que buscam o controle absoluto do poder, como o bolsonarismo no Brasil.

O BOLSONARISMO E A INFLUÊNCIA DOS REGIMES TOTALITÁRIOS

O BOLSONARISMO É UMA CORRENTE política que emergiu no Brasil no contexto da polarização política dos últimos anos, e tem sido associada a discursos autoritários, de violência e de intolerância. A influência dos regimes totalitários do século XX pode ser percebida em diversas características do bolsonarismo, como o culto à personalidade do líder, a retórica belicista e a demonização do inimigo.

A ideia de um líder forte e carismático, que encarna a vontade do povo e tem o poder de decidir sobre todas as questões políticas, é uma das marcas do bolsonarismo. Essa característica é semelhante ao culto à personalidade que era praticado nos regimes totalitários, como aponta o historiador Eric Hobsbawm: "o culto ao líder, o uso de símbolos que evocam uma mitologia nacional e a busca de uma unanimidade ideológica que suprima as divergências internas são características dos movimentos fascistas" (HOBSBAWM, 1995, p. 39).

Além disso, a retórica belicista é outra marca do bolsonarismo, que frequentemente utiliza termos como "guerra cultural" e "guerra contra o crime" para legitimar suas ações. Essa retórica é similar à que era utilizada nos regimes totalitários, como afirma o sociólogo Norberto Bobbio: "O totalitarismo é a ideologia da guerra, é a sociedade da guerra. A guerra é uma necessidade vital, uma paixão irracional, o motivo profundo da vida coletiva" (BOBBIO, 1997, p. 79).

Por fim, a demonização do inimigo é uma característica que também pode ser percebida tanto no bolsonarismo quanto nos regimes totalitários do século XX. O discurso do bolsonarismo frequentemente aponta como inimigos da nação e da ordem aqueles que são vistos como "esquerdistas", "comunistas" ou "globalistas", seguindo a lógica maniqueísta de que existe um "nós" e um "eles". Essa lógica também era presente nos regimes totalitários, como aponta a filósofa Hannah Arendt: "A lógica do totalitarismo é a lógica da guerra. Seus princípios organizadores são a mobilização total e a eliminação dos inimigos internos e externos" (ARENDT, 1951, p. 462).

Assim, é possível perceber que o bolsonarismo apresenta diversas características que remetem aos regimes totalitários do século XX, como o culto à personalidade do líder, a retórica belicista e a demonização do inimigo. A compreensão dessas características pode ajudar a entender os desafios e as ameaças que o bolsonarismo representa para a democracia brasileira.

Além disso, é importante destacar que a retórica adotada pelo bolsonarismo também apresenta semelhanças com a utilizada por regimes totalitários do passado. Como aponta Sartori (1994), o uso da técnica do bode expiatório para direcionar a insatisfação popular é uma estratégia recorrente em regimes totalitários. Nesse sentido, a escolha de determinados grupos sociais, como a comunidade LGBT e as minorias étnicas, como alvo de ataques e de medidas discriminatórias, pode ser compreendida como uma forma de desviar a atenção do público de problemas estruturais do país e criar um inimigo externo para justificar a adoção de medidas autoritárias.

Por fim, é importante ressaltar que, embora existam diversas semelhanças entre o bolsonarismo e os regimes totalitários do século XX, é necessário considerar que cada contexto histórico possui particularidades próprias. Como afirma Paxton (2004), "o fascismo é um fenômeno histórico único, que não pode ser reduzido a simples equações, analogias ou etiquetas". Portanto, é fundamental analisar o bolsonarismo como um fenômeno político específico, situado no contexto da história política brasileira e global.

O estudo das origens e características dos regimes totalitários do século XX, como o nazismo e o fascismo, é fundamental para compreender a emergência de movimentos políticos como o bolsonarismo. As semelhanças entre o discurso e as práticas adotadas pelo governo atual e pelos regimes totalitários do passado evidenciam a importância da análise crítica do atual momento político, a fim de preservar e fortalecer os valores democráticos e os direitos humanos.

A AMEAÇA À DEMOCRACIA E A IMPORTÂNCIA DA RESISTÊNCIA

A HISTÓRIA RECENTE TEM demonstrado que a democracia é um regime frágil e que pode ser ameaçado por diferentes forças políticas. O surgimento e a ascensão de líderes autoritários, que promovem a polarização e a exclusão, é uma dessas ameaças. A defesa da democracia, portanto, exige uma postura de resistência por parte dos indivíduos e da sociedade civil.

Nesse sentido, a obra de Timothy Snyder, "Sobre a tirania: vinte lições do século XX", é bastante relevante. Snyder argumenta que a democracia pode ser destruída lentamente, através de pequenas ações que, somadas, comprometem a sua estabilidade. Ele afirma que "a história nos ensina que a tirania mais frequentemente surge pela via de regimes democráticos que, gradualmente, passo a passo, vão limitando direitos". (SNYDER, 2017, p. 17)

Além disso, Snyder destaca a importância da resistência e da atuação ativa dos cidadãos em defesa da democracia. Segundo ele, "a cidadania ativa é crucial para a democracia: os cidadãos precisam ser informados, proteger os direitos dos outros e protestar quando necessário". (SNYDER, 2017, p. 116)

Outro autor que aborda o tema é Jürgen Habermas, que em seu livro "A crise da democracia" alerta para a necessidade de fortalecer a esfera pública como espaço de debate e deliberação. Para Habermas, a esfera pública é um elemento fundamental para a democracia, pois permite que as pessoas se expressem livremente, debatam questões importantes e exerçam a sua cidadania. (HABERMAS, 2019)

Assim, a resistência e a atuação ativa dos cidadãos são fundamentais para a preservação da democracia. É necessário defender os valores democráticos e lutar contra as forças que ameaçam a sua estabilidade. Como afirma Snyder, "a história nos lembra de que as coisas não precisam terminar assim, que o destino do mundo depende daquilo que fazemos no momento em que estamos vivos". (SNYDER, 2017, p. 116)

Essa resistência é fundamental para a preservação da democracia, que é uma forma de governo que garante a liberdade e a igualdade de todos os cidadãos. Como afirmou o filósofo John Rawls, "a democracia é a mais justa e a mais estável forma de governo de uma sociedade razoavelmente bem ordenada" (RAWLS, 2000, p. 259). No entanto, para que ela possa se manter, é preciso estar sempre vigilante e lutar contra as ameaças que possam surgir. Como afirmou o filósofo Karl Popper:

"A mensagem que a história nos transmite é que
a liberdade e a democracia nunca são seguras. A

Portanto, é essencial que os cidadãos estejam dispostos a se engajar na defesa da democracia e a resistir às ameaças que possam surgir. Isso pode ser feito de diversas formas, como através da mobilização social, da participação em manifestações e protestos, da pressão sobre as autoridades para que defendam a democracia, da conscientização dos eleitores sobre a importância do voto e da escolha de representantes comprometidos com a democracia, entre outras.

A ameaça à democracia é uma questão que deve ser levada a sério e que exige a mobilização de todos os cidadãos em sua defesa. É preciso lembrar que a história nos ensina que regimes autoritários podem surgir em qualquer lugar, inclusive em países com tradição democrática, e que a preservação da democracia exige um esforço constante e a vigilância permanente. A democracia é um bem precioso que deve ser defendido a todo custo, pois é a única forma de garantir a liberdade e a igualdade de todos os cidadãos.

CONSIDERAÇÕES

A ASCENSÃO DO BOLSONARISMO no Brasil tem sido objeto de estudo e análise por diversos pesquisadores. A partir da análise das origens e características dos regimes totalitários do século XX, como a autocracia, o nazismo e o fascismo, é possível compreender as influências dessas ideologias na formação do bolsonarismo.

Como destacado por Arendt (2012), o totalitarismo se caracteriza por ser um regime político que busca o controle total sobre a sociedade. Esse controle se dá por meio da anulação da esfera privada e da construção de um sistema de propaganda que busca a adesão incondicional dos indivíduos ao projeto político totalitário.

Essas características do totalitarismo são observadas no discurso e nas práticas políticas do bolsonarismo. O líder bolsonarista, Jair Bolsonaro, busca o controle total sobre a sociedade brasileira, como evidenciado pela sua defesa de um Estado forte e autoritário, capaz de impor sua vontade sobre os cidadãos (MIGUEL, 2018).

O bolsonarismo também se caracteriza por sua estratégia de construção de um sistema de propaganda, que busca a adesão incondicional dos indivíduos ao projeto político bolsonarista. Essa estratégia se dá por meio da disseminação de *fake news* e da polarização política, como destacado por Freitas (2018).

A influência do nazismo e do fascismo no bolsonarismo também é observada em suas práticas políticas. O discurso de Bolsonaro é marcado por práticas discriminatórias contra minorias étnicas, como a população negra e indígena, e a defesa da violência como solução para os problemas sociais (SOUZA, 2017).

O bolsonarismo também busca a destruição dos valores democráticos e a desvalorização da ciência e da cultura, como evidenciado por sua defesa da censura e da perseguição a artistas e intelectuais que não se alinham ao seu projeto político (FAUSTO, 2017).

Diante desse cenário, é fundamental que a sociedade brasileira se mobilize para resistir ao avanço do bolsonarismo e defender os valores democráticos e os direitos humanos. Como destacado por Newman (2017), a resistência é uma forma de preservar a memória das vítimas dos regimes totalitários do passado e de garantir um futuro mais justo e igualitário para as gerações futuras.

Assim, a análise das origens e características dos regimes totalitários do século XX e sua influência no bolsonarismo evidencia a importância da luta pela democracia e pelos direitos humanos no Brasil. A resistência é um ato de solidariedade com aqueles que lutaram e morreram pela liberdade e a justiça social, e é fundamental para que se construa um futuro mais justo e igualitário para todos.

Dessa forma, é importante que os estudos e pesquisas sobre a ascensão do bolsonarismo continuem sendo desenvolvidos, para que se possa entender e combater essa ameaça à democracia e aos direitos humanos no Brasil.

REFERÊNCIAS

ARENDT, Hannah. Origens do totalitarismo. São Paulo: Companhia das Letras, 2012.

ARENDT, H. (1951). The Origins of Totalitarianism. New York: Harcourt Brace Jovanovich.

BOBBIO, Norberto. Estado, governo, sociedade: para uma teoria geral da política. São Paulo: Paz e Terra, 1999.

BOSWORTH, R.J.B. Mussolini. New York: Bloomsbury, 2002.

DAHL, Robert A. Poliarquia: participação e oposição. São Paulo: Edusp, 2005.

FAUSTO, Boris. História concisa do Brasil. São Paulo: Edusp, 2017.

FREITAS, Frederico de. Jair Bolsonaro e o novo fascismo brasileiro. São Paulo: Três Estrelas, 2018.

FURET, F. (1995). O Passado de Uma Ilusão. São Paulo: Cia. das Letras.

GENTILE, E. The Struggle for Modernity: Nationalism, Futurism, and Fascism. Westport: Praeger, 2003.

HABERMAS, J. A crise da democracia. São Paulo: Editora Polis, 2019.

HOBSBAWM, E. Era dos extremos: o breve século XX, 1914-1991. São Paulo: Companhia das Letras, 1995.

KERSHAW, I. (2000). Hitler, 1889-1936: Hubris. London: Penguin Books.

LACLAU, E. Fascism and ideology. In: Journal of Political Ideologies, vol. 7, no. 2, 2002, p. 143-167.

LIPSET, Seymour Martin. O homem político: as bases sociais da política. Rio de Janeiro: Zahar, 1981.

MANN, M. Fascists. Cambridge: Cambridge University Press, 2004.

MIGUEL, Luis Felipe. Bolsonaro e a ascensão do autoritarismo no Brasil. São Paulo: Expressão Popular, 2018.

MIGUEL, Luis Felipe. O bolsonarismo como fenômeno cultural. São Paulo: Todavia, 2018.

NEWMAN, Michael. Fascism: a very short introduction. Oxford: Oxford University Press, 2017.

NEWMAN, Saul. The politics of postanarchism. Edinburgh: Edinburgh University Press, 2017.

PAXTON, R.O. Anatomy of Fascism. New York: Vintage, 2004.

PAYNE, S. G. (1995). Fascism: Comparison and Definition. Madison: University of Wisconsin Press.

POPPER, Karl R. A sociedade aberta e seus inimigos. São Paulo: Companhia das Letras, 2006.

RAWLS, John. Uma teoria da justiça. São Paulo: Martins Fontes, 2000.

SAID, E. Orientalism. New York: Vintage, 1979.

SARTORI, G. Homo Videns: televisão e pós-pensamento. São Paulo: Ed. da Universidade de São Paulo, 1994.

SILVA, F.L. Do autoritarismo ao totalitarismo: o debate teórico entre Hermann Heller e Franz Neumann sobre a natureza do nazismo. In: Revista Brasileira de História das Ideias, vol. 3, no. 2, 2011, p. 73-89.

SOUZA, Jessé. A elite do atraso: da escravidão à Lava Jato. Rio de Janeiro: Leya, 2017.

SOUZA, Jessé. A tolice da inteligência brasileira. São Paulo: Leya, 2017.

SNYDER, T. Sobre a tirania: vinte lições do século XX. Rio de Janeiro: Companhia das Letras, 2017.

SKIDMORE, T. Brazil: Five Centuries of Change. New York: Oxford University Press, 1999.

SKINNER, Q. The Foundations of Modern Political Thought. Cambridge: Cambridge University Press, 1978.

WEBER, E. (2013). O Nacional-Socialismo. Petrópolis: Vozes.

WEBER, M. Economia e Sociedade: Fundamentos da Sociologia Compreensiva. Brasília: Editora da UnB, 1999.

ZIZEK, S. Bem-vindo ao deserto do real: cinco ensaios sobre o 11 de setembro e datas relacionadas. São Paulo: Boitempo, 2003.

Capítulo 2 – A ECONOMIA DO BOLSO-NARISMO

UMA ANÁLISE CRÍTICA DO NEOLIBERALISMO E SUAS CONEXÕES COM O FASCISMO

O PERÍODO DO GOVERNO BRASILEIRO, liderado pelo presidente Jair Bolsonaro, foi marcado por uma agenda neoliberal, que se refletiu em políticas econômicas, fiscais e sociais. A implementação de reformas liberais, a desregulamentação do mercado, o corte de investimentos em programas sociais e a privatização de empresas estatais foram as principais medidas adotadas pelo governo Bolsonaro para promover o crescimento econômico e reduzir o déficit fiscal. No entanto, há uma preocupação crescente de que essas políticas, em vez de beneficiar a maioria da população, tenham gerando desigualdades favorecendo a concentração de riqueza e poder nas mãos de uma minoria privilegiada.

Nesse sentido, a proposta deste capítulo é fazer uma análise crítica da economia do bolsonarismo, com foco nas conexões entre o neoliberalismo e o fascismo. O neoliberalismo é uma doutrina econômica que enfatiza a livre iniciativa, a privatização e a desregulamentação do mercado, enquanto o fascismo é uma ideologia política que valoriza o autoritarismo, a intolerância e a violência. Embora possam parecer distintas, essas duas correntes ideológicas têm uma série de pontos em comum, especialmente no que se refere à sua visão de mundo elitista e excludente.

NEOLIBERALISMO E BOLSONARISMO: A CONTRADIÇÃO NO DISCURSO POPULISTA

O NEOLIBERALISMO É UMA doutrina econômica que enfatiza a livre iniciativa, a desregulamentação do mercado e a redução do papel do Estado na economia. No entanto, essa ideologia tem sido utilizada como um discurso populista por muitos políticos em todo o mundo, incluindo o presidente brasileiro Jair Bolsonaro. Entretanto, há uma clara e evidente contradição entre o discurso populista do bolsonarismo e as políticas neoliberais adotadas pelo governo.

De acordo com o filósofo e cientista político Domenico Losurdo, o neoliberalismo é uma ideologia que tem sido utilizada para justificar a concentração de riqueza e poder nas mãos de uma minoria privilegiada. Em seu livro "Contra-história do liberalismo", Losurdo argumenta que o neoliberalismo é uma forma de "liberalismo radical", que não apenas promove a liberdade econômica, mas também a liberdade de opressão e exploração. Isso porque o neoliberalismo enfatiza a autonomia do mercado e a competição entre os indivíduos, em detrimento da solidariedade e do bem-estar social.

No entanto, o discurso populista adotado pelo bolsonarismo parece contrariar essa visão neoliberal. O presidente Bolsonaro tem se apresentado como um defensor dos trabalhadores e dos pobres, apesar de suas políticas neoliberais terem sido criticadas por muitos economistas e cientistas sociais. Segundo o jornalista britânico George Monbiot, o neoliberalismo é uma ideologia que se apresenta como "uma revolução a favor do povo", mas que, na verdade, "transforma os trabalhadores em consumidores, desmantela o Estado de bem-estar social e promove a desigualdade".

Essa contradição entre o discurso populista e as políticas neoliberais pode ser observada em várias medidas adotadas pelo governo Bolsonaro. Por exemplo, enquanto o presidente promete proteger os direitos dos trabalhadores, suas reformas trabalhistas têm sido criticadas por enfraquecer os sindicatos e permitir a terceirização indiscriminada. Além disso, o corte de investimentos em programas sociais, como o Bolsa Família, tem sido questionado por muitos especialistas em políticas públicas, que argumentam que esses programas são essenciais para reduzir a pobreza e a desigualdade no país.

Nesse sentido, é importante destacar que a contradição entre o discurso populista e as políticas neoliberais do bolsonarismo não é exclusiva do Brasil. Como argumenta o economista francês Thomas Piketty, o neoliberalismo é uma ideologia que tem sido utilizada para justificar a desigualdade e a concentração de riqueza em todo o mundo. Em seu livro "Capital e Ideologia", Piketty defende a necessidade de se repensar o papel do Estado na economia, a fim de garantir o bem-estar social e a justiça fiscal.

A contradição entre o discurso populista e as políticas neoliberais adotadas pelo governo Bolsonaro revela os perigos de uma ideologia que enfatiza a liberdade econômica em detrimento da solidariedade e do bem-estar social. Como argumenta o filósofo italiano Giorgio Agamben, o neoliberalismo representa uma forma de "governo pelo medo", que explora a insegurança e o desespero dos indivíduos para justificar a concentração de poder e a supressão da democracia. Em seu livro "Estado de exceção", Agamben analisa como as políticas neoliberais têm sido utilizadas para criar um estado de emergência permanente, no qual os direitos individuais e coletivos são constantemente violados em nome da segurança e da eficiência econômica.

Nesse contexto, é importante destacar a relação entre o neoliberalismo e o fascismo, uma ideologia que enfatiza a autoridade e a homogeneidade cultural em detrimento da diversidade e da liberdade individual. Como argumenta o historiador norte-americano Timothy Snyder, o fascismo representa uma forma de "contrarevolução" que visa destruir as conquistas sociais e políticas do século XX, tais como o Estado de bem-estar social, a democracia e os direitos humanos. Snyder argumenta que o bolsonarismo e outros movimentos populistas em todo o mundo representam uma ameaça à democracia e aos direitos humanos, e que é necessário resistir a essa ameaça por meio da solidariedade e da mobilização social.

Portanto, a contradição entre o discurso populista e as políticas neoliberais adotadas pelo governo Bolsonaro revela a necessidade de se repensar o papel do Estado na economia e na sociedade. Como argumenta o sociólogo português Boaventura de Sousa Santos, é preciso construir uma "ecologia de saberes" que integre as vozes e as experiências dos excluídos e marginalizados, a fim de promover a justiça social e a democracia participativa. Essa ecologia de saberes deve ser baseada na solidariedade, na diversidade e na igualdade, e deve rejeitar a ideologia do neoliberalismo e do fascismo, que ameaçam a sobrevivência da humanidade e do planeta.

BOLSONARISMO E FASCISMO: A CONEXÃO COM A EXTREMA-DIREITA

A ASCENSÃO DO BOLSONARISMO no Brasil tem sido objeto de muitos estudos e debates na academia e na sociedade civil. Dentre as principais características do governo de Jair Bolsonaro, destacam-se a retórica antiesquerdista, a defesa da família tradicional e dos valores cristãos, a defesa do armamento da população e a apologia à violência contra minorias. Essas características têm sido associadas à extrema-direita e ao fascismo.

Como argumenta o historiador britânico Roger Griffin, o fascismo é uma ideologia que se caracteriza pela defesa da autoridade, da hierarquia, da homogeneidade cultural e da violência como meio de resolver conflitos sociais. Para Griffin, o fascismo não é apenas um fenômeno histórico do século XX, mas uma ameaça sempre presente que pode ressurgir a qualquer momento. Ele argumenta que o bolsonarismo e outros movimentos populistas em todo o mundo compartilham muitas características do fascismo, tais como a retórica antielitista, o culto à personalidade do líder e a demonização de minorias étnicas, religiosas e sexuais.

Nesse sentido, é importante destacar a conexão entre o bolsonarismo e a extrema-direita, um conjunto de movimentos e partidos políticos que se caracterizam pela defesa de valores conservadores e nacionalistas e pela oposição à democracia e aos direitos humanos. Como argumenta a cientista política brasileira Maria do Socorro Sousa Braga, o bolsonarismo é uma forma de "neofascismo tropical" que se baseia na negação da diversidade cultural e na exaltação da violência como forma de resolver conflitos.

Portanto, a conexão entre o bolsonarismo e a extrema-direita revela a necessidade de se combater o fascismo e as ideologias autoritárias em todas as suas formas. Como argumenta o filósofo francês Michel Foucault, é preciso resistir à tirania do poder e promover a liberdade, a igualdade e a fraternidade como valores fundamentais da democracia. Essa resistência deve ser baseada na solidariedade e na mobilização social, a fim de construir uma sociedade mais justa e inclusiva para todos.

OS IMPACTOS DA POLÍTICA ECONÔMICA NEOLIBERAL NO BRASIL

A POLÍTICA ECONÔMICA NEOLIBERAL tem sido amplamente adotada por governos de diferentes países nas últimas décadas, sob a justificativa de que ela seria capaz de promover o crescimento econômico e o desenvolvimento social. No entanto, sua implementação tem gerado impactos significativos na economia e na sociedade, tanto positivos quanto negativos.

A política econômica neoliberal foi implementada no Brasil a partir da década de 1990, durante o governo de Fernando Collor de Mello e intensificada durante os governos de Fernando Henrique Cardoso e Michel Temer. Ela se caracteriza pela adoção de medidas como a redução do papel do Estado na economia, a privatização de empresas estatais, a abertura do mercado para o capital estrangeiro e a flexibilização das leis trabalhistas.

Um dos impactos positivos da política econômica neoliberal no Brasil foi o aumento da produtividade e a melhoria na eficiência das empresas, decorrente da maior competição e da busca por redução de custos. Segundo a Fundação Getúlio Vargas, a produtividade brasileira aumentou em média 0,5% ao ano entre 2000 e 2018, período em que a economia brasileira passou por profundas transformações econômicas e sociais, impulsionadas pela implementação de políticas neoliberais.

No entanto, a implementação da política econômica neoliberal no Brasil também teve impactos negativos significativos, como a intensificação da desigualdade social, o aumento do desemprego e a precarização das relações de trabalho. A redução do papel do Estado na economia, a privatização de empresas estatais e a abertura do mercado para o capital estrangeiro contribuíram para a concentração de renda e a transferência de recursos públicos para o setor privado, aumentando a desigualdade social e a exclusão econômica de parcelas significativas da população.

De acordo com o sociólogo Jessé Souza, a implementação da política econômica neoliberal no Brasil gerou um processo de "subcidadania", em que parcelas significativas da população foram excluídas dos benefícios do desenvolvimento econômico e social. Segundo ele, o neoliberalismo "acabou gerando uma democracia de baixa intensidade e um modelo econômico de 'subcidadania', em que a maior parte da população vive à margem das oportunidades de uma economia pós-industrial".

Outro impacto negativo da política econômica neoliberal no Brasil foi a intensificação da crise fiscal e a redução da capacidade do Estado de investir em áreas como saúde, educação e infraestrutura. A redução da arrecadação de impostos decorrente da privatização de empresas estatais e da redução de tributos para as empresas e setores financeiros, aliada ao aumento dos gastos públicos com o pagamento de juros da dívida pública, gerou um quadro de restrição fiscal que limitou a capacidade do Estado de atuar em áreas prioritárias para o desenvolvimento social.

De acordo com os dados apresentados por Chaves e Sarti (2018), a política neoliberal adotada no Brasil nas últimas décadas resultou em um aumento significativo da desigualdade social, com a concentração de renda nas mãos de uma pequena elite e o empobrecimento da maior parte da população. Essa situação é agravada pela precarização do trabalho, com a crescente informalidade e a redução dos direitos trabalhistas.

Além disso, a implementação do modelo neoliberal no país trouxe impactos negativos para setores importantes, como a saúde e a educação. De acordo com o relatório do Conselho Nacional de Saúde (2018), a Emenda Constitucional 95, que estabeleceu um teto para os gastos públicos por 20 anos, teve como consequência a redução do financiamento para o Sistema Único de Saúde (SUS), comprometendo a qualidade e a efetividade dos serviços prestados. Já na área da educação, o corte de recursos públicos levou ao fechamento de escolas e universidades, à redução de bolsas de estudo e à diminuição da qualidade do ensino oferecido.

Segundo Guimarães (2018), a implementação do modelo neoliberal no Brasil também teve impactos negativos no desenvolvimento econômico do país. O autor destaca que a política de privatizações adotada nas últimas décadas não resultou em ganhos significativos para a economia, uma vez que os recursos arrecadados foram utilizados principalmente para o pagamento da dívida pública, em vez de serem investidos em setores estratégicos para o desenvolvimento do país.

A política econômica neoliberal adotada no Brasil nas últimas décadas teve como consequência o agravamento da desigualdade social, a precarização do trabalho, a redução do financiamento para setores importantes como a saúde e a educação, e a estagnação do desenvolvimento econômico do país. É necessário repensar esse modelo e buscar alternativas que promovam um desenvolvimento mais justo e inclusivo para todos os brasileiros.

A CRISE ECONÔMICA E A ASCENSÃO DO BOLSONARISMO

A CRISE ECONÔMICA QUE AFETOU o Brasil a partir de 2014 teve consequências políticas significativas, incluindo a eleição de Jair Bolsonaro como presidente do país em 2018. A relação entre a crise econômica e a ascensão do bolsonarismo é complexa e multifacetada, envolvendo fatores políticos, sociais e econômicos.

De acordo com o economista Ricardo Carneiro, a crise econômica que afetou o Brasil a partir de 2014 foi uma crise estrutural, caracterizada por uma queda na taxa de crescimento da economia, aumento do desemprego e da inflação, e um aumento na desigualdade social. Essa crise foi o resultado de uma combinação de fatores, incluindo a queda nos preços das commodities, a crise política e a falta de investimentos em infraestrutura e educação. (CARNEIRO, 2017).

A crise econômica teve impactos significativos na vida dos brasileiros, incluindo a perda de empregos e a queda no poder de compra. Isso levou a um aumento da insatisfação popular e uma crise de representatividade, visto que a classe política foi vista como incapaz de lidar com os desafios econômicos e sociais enfrentados pelo país.

Nesse contexto, a ascensão do bolsonarismo pode ser entendida como uma resposta a essa crise de representatividade. De acordo com o sociólogo Jessé Souza, o bolsonarismo é uma expressão da "raiva dos perdedores", ou seja, aqueles que foram afetados pela crise econômica e se sentiram excluídos do processo político. (SOUZA, 2019).

Além disso, o bolsonarismo também se beneficiou da descrença na classe política e das críticas ao Partido dos Trabalhadores (PT), que governou o país por mais de uma década antes da crise econômica. Segundo o cientista político Leonardo Avritzer, "o bolsonarismo se apresentou como uma alternativa ao PT, ao mesmo tempo em que prometia soluções para os problemas econômicos e sociais enfrentados pelos brasileiros." (AVRITZER, 2019).

A crise que afetou o Brasil a partir de 2014 teve um papel importante na ascensão do bolsonarismo, como uma resposta à crise de representatividade e à descrença na classe política. No entanto, essa relação é complexa e multifacetada, envolvendo fatores políticos, sociais e econômicos e afeta diretamente as perspectivas para o futuro da economia do país.

AS PERSPECTIVAS FUTURAS DA ECONOMIA BRASILEIRA

AS PERSPECTIVAS FUTURAS da economia brasileira são alvo de discussão entre economistas e analistas, e envolvem diversos fatores, como a estabilidade política, a situação fiscal, a política monetária, o comércio exterior, a inovação tecnológica e o desenvolvimento social. Esses fatores afetam o potencial de crescimento da economia brasileira e a qualidade de vida da população.

Uma das principais preocupações dos economistas em relação à economia brasileira é a situação fiscal do país. De acordo com o economista Edmar Bacha, "o problema fiscal do Brasil é estrutural e deve ser enfrentado com medidas como a reforma da previdência, a redução

de gastos públicos e o aumento da arrecadação." (BA-
CHA, 2019).

Outro fator importante é a estabilidade política. A incerteza política pode afetar negativamente a economia, inibindo o investimento e afetando a confiança dos agentes econômicos. Segundo o economista Pedro Malan, "a estabilidade política é um requisito essencial para o crescimento sustentável da economia brasileira." (MALAN, 2018).

Além disso, a política monetária é outro fator importante a ser considerado. A taxa de juros afeta a economia como um todo, influenciando o investimento, o consumo e a inflação. De acordo com o economista Ilan Goldfajn, "a política monetária deve ser voltada para a estabilidade de preços e para o controle da inflação, o que contribui para o crescimento econômico sustentável." (GOLDFAJN, 2018).

Outro fator a ser considerado é o comércio exterior. A abertura econômica pode trazer benefícios em termos de aumento da produtividade e do crescimento, mas também pode trazer desafios em termos de concorrência e ajuste estrutural. De acordo com o economista Paulo Nogueira Batista Jr., "a abertura econômica deve ser acompanhada por políticas de desenvolvimento produtivo e social para garantir benefícios para todos os setores da sociedade." (BATISTA JR., 2019).

Além desses fatores, a crise provocada pela pandemia de COVID-19 também é um elemento que pode afetar a economia brasileira a curto e médio prazo. Segundo o Banco Mundial, o Brasil sofrerá uma queda de 5,4% no PIB em 2020 em função da pandemia, e a recuperação econômica pode ser lenta e desigual. (BANCO MUNDIAL, 2020).

Nesse contexto, é fundamental que o governo brasileiro adote medidas para estimular a economia e garantir a estabilidade política e social. Algumas das possíveis medidas incluem a redução de impostos para setores estratégicos, o aumento do investimento em infraestrutura, a ampliação do crédito para pequenas e médias empresas, e a criação de políticas de inclusão social e desenvolvimento humano.

Além disso, é importante que o país invista em inovação e tecnologia para aumentar a produtividade e a competitividade da economia brasileira. Segundo o economista Luiz Carlos Bresser-Pereira, "o desenvolvimento tecnológico é um fator crucial para o desenvolvimento econômico e social do país." (BRESSER-PEREIRA, 2019). A inovação tecnológica e o desenvolvimento social são fatores cruciais para o crescimento econômico sustentável. Segundo o economista Ricardo Paes de Barros, "a redução da desigualdade social e a promoção da educação e da inovação são essenciais para garantir um crescimento econômico mais justo e sustentável." (BARROS, 2019).

As perspectivas futuras da economia brasileira envolvem diversos fatores interligados, como a situação fiscal, a estabilidade política, a política monetária, o comércio exterior, a inovação tecnológica e o desenvolvimento social. É necessário enfrentar os desafios e aproveitar as oportunidades para garantir um crescimento econômico sustentável e uma sociedade mais justa e equitativa.

CONSIDERAÇÕES

Diante da análise crítica realizada sobre a economia do bolsonarismo, é possível identificar uma série de conexões entre o neoliberalismo e o fascismo que caracterizaram a política econômica do governo Bolsonaro. A adoção de medidas neoliberais, como a reforma trabalhista e a redução dos investimentos em políticas sociais, têm gerado consequências negativas para a economia e para a sociedade brasileira como um todo.

A redução dos investimentos em políticas sociais, em particular, é um fator que tem contribuído para o aumento da desigualdade social no país. Segundo o economista Thomas Piketty, "a desigualdade é um fator que afeta a estabilidade política e social, além de ser prejudicial para o desenvolvimento econômico." (PIKETTY, 2014).

Além disso, a adoção de medidas autoritárias e antidemocráticas, como a perseguição a movimentos sociais e a tentativa de controle da imprensa, são características que reforçam as conexões entre o neoliberalismo e o fascismo. Segundo o filósofo político Roberto Esposito, "o fascismo é caracterizado pela ideia de que o Estado é uma entidade acima dos indivíduos e das instituições democráticas, e que tem o poder de decidir o que é melhor para a sociedade." (ESPOSITO, 2010).

Diante desse cenário, é importante que a sociedade brasileira esteja atenta aos riscos que a economia do bolsonarismo representa para o país e para a democracia. A defesa dos direitos sociais e da democracia são fundamentais para a construção de um país mais justo e equitativo. Nesse sentido, é necessário que haja uma articulação entre os diferentes setores da sociedade civil para resistir aos ataques autoritários e defender os valores democráticos.

A economia do bolsonarismo apresenta uma série de conexões com o neoliberalismo e o fascismo, que representam um risco para a estabilidade política, social e econômica do país. É fundamental que a sociedade brasileira se mobilize para resistir aos ataques antidemocráticos e defender os direitos sociais e a democracia. Somente

assim será possível construir um futuro mais justo e equitativo para o Brasil e para o povo brasileiro.

REFERÊNCIAS

AGAMBEN, Giorgio. Estado de exceção. São Paulo: Boitempo, 2004.

AVRITZER, Leonardo. O Pior dos mundos: o PT e o governo Dilma Rousseff. São Paulo: Três Estrelas, 2019.

BACHA, Edmar. Brasil: o futuro que não chegou. Rio de Janeiro: Intrínseca, 2019.

BADIOU, Alain. A hipótese comunista. São Paulo: Boitempo, 2012.

BANCO MUNDIAL. Covid-19 to plunge global economy into worst recession since World War II. Disponível em: https://www.worldbank.org/en/news/press-release/2020/06/08/covid-19-to-plunge-global-economy-into-worst-recession-since-world-war-ii. Acesso em: 22 fev. 2023.

BRAGA, Maria do Socorro Sousa. Bolsonaro e o neofascismo tropical. Revista Política Democrática, Fundação Astrojildo Pereira, v. 13, p. 31-43, 2019.

BRASIL. Presidência da República. Secretaria de Comunicação Social. O que é o neoliberalismo. Brasília: Presidência da República, Secretaria de Comunicação Social, 2018.

BRESSER-PEREIRA, Luiz Carlos. Desenvolvimento e crise no Brasil. São Paulo: Editora 34, 2019.

BARROS, Ricardo Paes de. Desigualdade e a curva do desenvolvimento. São Paulo: Companhia das Letras, 2019.

BAUMAN, Zygmunt. Globalização: as consequências humanas. Zahar, 1999.

CARNEIRO, Ricardo. A crise econômica brasileira. São Paulo: Fundação Perseu Abramo, 2017.

CHAVES, V.; SARTI, F. O impacto da política neoliberal na desigualdade de renda: uma análise para o Brasil. Revista Brasileira de Economia, v. 72, n. 3, p. 319-338, 2018.

CONSELHO NACIONAL DE SAÚDE. Relatório Final da 15ª Conferência Nacional de Saúde. Brasília, DF: CNS, 2018.

ESPOSITO, Roberto. Communitas: origem e destino da comunidade. São Paulo: Editora Perspectiva, 2010.

FOUCAULT, Michel. Microfísica do poder. Rio de Janeiro: Graal, 1979.

GUIMARÃES, A. S. A teoria da dependência: balanço e perspectivas. Revista de Economia Política, v. 38, n. 3, p. 546-564, 2018.

GRIFFIN, Roger. O fascismo moderno: uma abordagem comparativa. São Paulo: Estação Liberdade, 1993.

HARVEY, David. O neoliberalismo: história e implicações. São Paulo: Loyola, 2007.

IPEA. Produtividade do trabalho no Brasil. Instituto de Pesquisa Econômica Aplicada, 2019.

LOPES, José Reinaldo de Lima. Neoliberalismo e política educacional no Brasil. Revista Brasileira de Educação, n. 21, p. 5-17, jan./abr. 2002.

MUDDE, Cas. The populist radical right: a pathological normalcy. West European Politics, v. 33, n. 6, p. 1163-1182, 2010.

NOVAES, Walter. Liberalismo e neoliberalismo: as ideologias do nosso tempo. Revista Brasileira de Ciências Sociais, v. 18, n. 52, p. 5-20, 2003.

PAXTON, Robert O. A anatomia do fascismo. São Paulo: Paz e Terra, 2007.

PIKETTY, Thomas. O capital no século XXI. Rio de Janeiro: Intrínseca, 2014.

SADEK, Maria Tereza Aina. O bolsonarismo como representação política. Estudos Avançados, vol. 34, n. 98, p. 131-149, 2020.

SANTOS, Boaventura de Sousa. Epistemologias do Sul. São Paulo: Cortez, 2014.

SOUZA, Jessé. A Elite do atraso: da escravidão à Lava Jato. Rio de Janeiro: Leya, 2019.

SOUZA, Jessé. A construção social da subcidadania: para uma sociologia política da modernidade periférica. Belo Horizonte: Editora UFMG, 2003.

SNYDER, Timothy. Sobre a tirania: vinte lições do século XX para o presente. Rio de Janeiro: Objetiva, 2017.

Capítulo 3 – O BOLSONARISMO E A DISSEMINAÇÃO DO DISCURSO DE ÓDIO

UMA ANÁLISE COMPARATIVA COM O NAZISMO E O FASCISMO

Desde antes de sua eleição para a presidência do Brasil em 2018, Jair Bolsonaro tem sido alvo de muitas críticas e controvérsias, especialmente relacionadas à sua postura e discurso. Com frequência, suas declarações são acusadas de incitar o ódio e a discriminação contra minorias étnicas, sociais e de gênero. Essa postura do ex-presidente e de seus apoiadores tem sido associada a um fenômeno conhecido como bolsonarismo, que se caracteriza pela defesa de valores conservadores, nacionalistas e autoritários.

Este capítulo tem como objetivo analisar comparativamente o bolsonarismo com duas ideologias políticas que marcaram a história mundial no século XX: o nazismo e o fascismo. Ambas as ideologias se caracterizaram por discursos de ódio e intolerância contra grupos considerados indesejáveis, como judeus, homossexuais, ciganos, negros, comunistas, entre outros.

Além disso, será abordado também o contexto político e social brasileiro atual, no qual o bolsonarismo tem crescido em influência e popularidade. Serão debatidas as possíveis razões para esse fenômeno e as consequências que ele pode ter para a democracia brasileira e para as minorias que têm sido alvo de ataques verbais e físicos por parte de apoiadores do governo.

O DISCURSO DE ÓDIO COMO FERRAMENTA POLÍTICA

O DISCURSO DE ÓDIO é uma forma de comunicação que utiliza expressões ofensivas, difamatórias e insultuosas para atacar indivíduos ou grupos com base em características pessoais, como raça, etnia, religião, gênero ou orientação sexual. Essa forma de comunicação não é apenas prejudicial para as vítimas diretas, mas também pode ter graves consequências para a sociedade como um todo, incluindo a erosão da democracia e o aumento da violência.

O uso do discurso de ódio como uma ferramenta política tem sido documentado em muitos contextos históricos. Por exemplo, no período que antecedeu o genocídio de Ruanda em 1994, a mídia local desempenhou um papel fundamental na incitação à violência contra a minoria *tutsi*, utilizando termos como "baratas" e "inimigos do Estado" para desumanizar os membros dessa comunidade. Essa estratégia foi eficaz em mobilizar o apoio popular para a perseguição e o extermínio dos *tutsis*.

De acordo com o pesquisador Noam Chomsky, o uso do discurso de ódio na política não é uma aberração, mas sim uma tática bem estabelecida para manipular as emoções do público e consolidar o poder. Em seu livro *Media Control: The Spectacular Achievements of Propaganda*, Chomsky argumenta que as elites dominantes utilizam a mídia para criar inimigos imaginários, demonizando grupos ou indivíduos que ameaçam seus interesses. Essa estratégia permite que essas elites mobilizem o apoio popular para suas políticas, mesmo que essas políticas sejam prejudiciais para a maioria das pessoas.

Alguns estudos empíricos têm confirmado a eficácia do discurso de ódio como uma ferramenta política. Por exemplo, uma pesquisa realizada por Christopher Federico e outros pesquisadores descobriu que as pessoas que acreditam em teorias da conspiração sobre grupos minoritários são mais propensas a apoiar políticas autoritárias e antidemocráticas. Isso sugere que a disseminação de ideias de ódio pode ser uma estratégia eficaz para minar as instituições democráticas.

Além disso, a disseminação de discurso de ódio na mídia social tem se tornado cada vez mais comum, o que pode ter consequências graves para a sociedade. Segundo uma pesquisa realizada por Susan Benesch, professora de Direito da Universidade de Harvard, "a incitação ao ódio nas mídias sociais pode desencadear comportamentos de ódio offline, até mesmo atos de violência". Isso significa que a disseminação de ideias de ódio online pode ter consequências reais e tangíveis para a segurança das pessoas.

Em resumo, o discurso de ódio é uma forma de comunicação prejudicial que pode ser usada como uma ferramenta política eficaz para mobilizar o apoio popular e minar as instituições democráticas. É importante que as autoridades tomem medidas para combater a disseminação de ideias de ódio e promover a tolerância e o respeito pelas diferenças.

Como pode ser observado pelos autores citados, a disseminação do discurso de ódio é uma tática bem estabelecida para manipular as emoções do público e consolidar o poder, mesmo que isso seja prejudicial para a maioria das pessoas. É importante que a sociedade esteja alerta a essa tática e se esforce para combater a disseminação de ideias de ódio, promovendo a tolerância e o respeito pelas diferenças.

Deve-se destacar que as autoridades públicas também têm um papel importante na prevenção da disseminação de discursos de ódio, principalmente na promoção de políticas públicas inclusivas e no combate à discriminação e violência. É fundamental a adoção de medidas mais efetivas para coibir a veiculação do discurso de ódio nas mídias sociais e em outras formas de comunicação.

É necessário um esforço conjunto de indivíduos, instituições e governos para conter a disseminação do discurso de ódio, e promover a construção de uma sociedade mais inclusiva, respeitosa e democrática. A conscientização sobre o impacto do discurso de ódio é o primeiro passo para essa transformação.

PROPAGANDA E RETÓRICA NO NAZISMO E NO FASCISMO

A PROPAGANDA E A RETÓRICA foram utilizadas de maneira intensa e eficaz pelos regimes nazista e fascista durante o século XX, com o objetivo de consolidar o poder e controlar as massas. Essas estratégias permitiram a manipulação da opinião pública, a legitimação do governo autoritário e a supressão das vozes críticas.

A propaganda foi uma das principais ferramentas utilizadas pelos regimes nazista e fascista, com o objetivo de disseminar uma mensagem unificada e mobilizar as massas em torno do governo. Para isso, foram utilizados meios de comunicação de massa, como rádio, cinema e jornais, que transmitiam mensagens que apelavam às emoções e à identificação com o Estado.

Segundo Lasswell (1927), a propaganda é definida como "a técnica de influenciar as opiniões, atitudes e ações de um grupo de pessoas, com o objetivo de promover uma determinada ideia ou interesse". No contexto do nazismo e do fascismo, a propaganda tinha como objetivo principal legitimar o governo autoritário, promover a superioridade da raça e a subjugação de outros grupos, e reforçar a identidade nacional.

A retórica também foi uma ferramenta importante dos regimes nazista e fascista, utilizada para persuadir a população e justificar ações consideradas extremas. O líder alemão Adolf Hitler, por exemplo, era reconhecido por sua habilidade oratória, que lhe permitiu conquistar a adesão das massas e justificar as políticas violentas do regime.

De acordo com Aristóteles (século IV a.C.), a retórica é a "arte de falar bem e persuadir". A retórica, portanto, envolve o uso de estratégias persuasivas, como a emoção, a lógica e a credibilidade, para convencer o público de determinado ponto de vista. Nos regimes nazista e fascista, a retórica era utilizada para legitimar o governo, construir uma narrativa histórica e justificar ações consideradas violentas e extremas.

No entanto, é importante destacar que a propaganda e a retórica não são inerentemente negativas, podendo ser utilizadas para promover ideias positivas e promover ações benéficas para a sociedade. No entanto, quando utilizadas para promover uma agenda autoritária e violenta, essas estratégias podem ter consequências graves e duradouras.

A propaganda e a retórica foram ferramentas cruciais para o sucesso dos regimes nazista e fascista, permitindo a manipulação da opinião pública, a legitimação do governo autoritário e a supressão das vozes críticas. No entanto, é importante lembrar que essas estratégias podem ter consequências graves e duradouras quando utilizadas para promover ideias negativas e autoritárias.

O BOLSONARISMO E A RETÓRICA DE ÓDIO

O BOLSONARISMO É UM FENÔMENO político recente no Brasil que se caracteriza por um discurso de ódio e polarização que tem como alvo minorias sociais e políticas. O uso dessa retórica de ódio pode ser entendido como uma estratégia política que visa a criação de um grupo coeso de apoiadores, capazes de se mobilizar em torno de uma ideologia, ao mesmo tempo que inibe a contestação por parte dos oponentes políticos. Nesse sentido, a retórica de ódio pode ser vista como uma forma de exercer o poder político e manter uma base de apoio sólida.

A retórica de ódio no bolsonarismo se assemelha a outros movimentos políticos que utilizaram a mesma estratégia para mobilizar seus apoiadores, como o nazismo e o fascismo. Segundo Umberto Eco, em seu livro "O Fascismo Eterno", a retórica fascista é caracterizada pela exaltação da pátria, da raça e da violência, bem como a criação de inimigos internos e externos. O mesmo pode ser observado no discurso do bolsonarismo, que se caracteriza pela defesa de valores tradicionais, a exaltação da figura do líder e a construção de inimigos políticos, que são apresentados como ameaças à estabilidade do país.

Além disso, a retórica bolsonarista de ódio é marcada pela utilização de *fake news* e teorias conspiratórias, que têm como objetivo construir uma narrativa própria que se opõe à realidade. A utilização desse tipo de discurso é uma estratégia comum em movimentos políticos que visam a desestabilização da ordem política existente. De acordo com Timothy Snyder, em seu livro "Sobre a tirania", as sociedades que vivem em um ambiente de pós-verdade, onde os fatos são substituídos pela narrativa, são propensas a regimes autoritários.

Assim, o bolsonarismo utiliza a retórica de ódio para se manter no poder e criar uma base de apoiadores leais, mas essa estratégia pode ter consequências negativas para a democracia e a estabilidade política do país. A utilização de *fake news* e teorias conspiratórias cria uma narrativa paralela que pode levar a desinformação e desestabilização da ordem política existente. Além disso, a polarização extrema e a construção de inimigos políticos podem gerar uma divisão social que é prejudicial para a democracia.

Em conclusão, a retórica de ódio é uma estratégia política que tem sido utilizada por movimentos políticos em diferentes contextos históricos. No caso do bolsonarismo, a utilização desse discurso tem como objetivo mobilizar uma base de apoiadores leais e inibir a contestação por parte dos oponentes políticos. No entanto, essa estratégia pode ter consequências negativas para a democracia e a estabilidade política do país. A utilização de *fake news* e teorias conspiratórias cria uma narrativa paralela que é prejudicial para a informação e a estabilidade política do país.

Segundo os pesquisadores, a retórica de ódio no bolsonarismo tem como objetivo principal construir um inimigo comum, ou seja, um "outro" que representa tudo o que o governo atual rejeita e combate. Esse "outro" pode ser identificado em diferentes grupos, como a esquerda, os movimentos sociais, os defensores dos direitos humanos, os ativistas LGBTQIA+, entre outros.

Além disso, a retórica de ódio utilizada pelo bolsonarismo tem como objetivo enfraquecer a oposição e impedir a crítica ao governo. Para isso, o discurso do governo se baseia na polarização e na demonização dos oponentes, acusando-os de serem "comunistas", "petralhas", "globalistas", "feminazis" e outros termos pejorativos que desqualificam seus argumentos e opiniões.

Essa retórica de ódio tem se mostrado eficaz na mobilização de uma base de apoio ao governo, que se sente ameaçada pelos grupos identificados como "inimigos". No entanto, ela também tem gerado uma série de conflitos e divisões na sociedade brasileira, aumentando a polarização e o confronto político.

É importante destacar que a retórica de ódio não é exclusiva do bolsonarismo e já foi utilizada em outros contextos históricos. Segundo a filósofa Hannah Arendt, a propaganda totalitária se baseia na criação de inimigos imaginários e na difusão do medo e da desconfiança em relação aos "outros". Para a autora, essa estratégia tem como objetivo enfraquecer a sociedade civil e aumentar o controle do Estado sobre a população.

Portanto, a retórica de ódio utilizada pelo bolsonarismo pode ser compreendida como uma estratégia política que busca mobilizar uma base de apoio e enfraquecer a oposição, mas que também tem consequências negativas para a sociedade brasileira, aumentando a polarização e o confronto político.

PROPAGANDA BOLSONARISTA E SUAS SEMELHANÇAS COM O NAZISMO E O FASCISMO

A PROPAGANDA BOLSONARISTA, presente desde as eleições de 2018, é marcada por elementos que remetem ao discurso e à estética do nazismo e do fascismo. Em sua retórica, o presidente Jair Bolsonaro e seus apoiadores utilizam de técnicas de manipulação da opinião pública, disseminando informações falsas e construindo uma narrativa de inimigos internos e externos, que precisam ser combatidos a todo custo.

A propaganda política é um elemento importante na construção de uma imagem pública e na disseminação de ideias, sejam elas políticas, sociais ou culturais. Como afirma o pesquisador de comunicação política, Jean-Marie Charon, a propaganda é "uma arte de convencer ou de manipular que visa a persuadir uma audiência de uma certa ideia ou mensagem" (Charon, 2009, p. 11). No caso do bolsonarismo, a propaganda se baseia em elementos que remetem ao nazismo e ao fascismo, como a criação de inimigos internos e externos, a construção de um líder carismático, a utilização de símbolos e slogans marcantes, a valorização da ordem e da disciplina, entre outros.

Um dos elementos centrais da propaganda bolsonarista é a criação de inimigos internos e externos, que são apresentados como ameaças à segurança do país e da população. Esses inimigos podem ser identificados em diferentes grupos sociais, como a esquerda, os movimentos sociais, os ativistas LGBTQIA+, os defensores dos direitos humanos, entre outros. Esse tipo de estratégia é semelhante ao utilizado pelo nazismo e pelo fascismo, que também criavam inimigos internos e externos para justificar suas políticas autoritárias e opressivas.

Além disso, a propaganda bolsonarista utiliza uma retórica marcada pela polarização e pela agressividade, que busca desqualificar os adversários e criar um clima de hostilidade e tensão. O uso de *fake news*, distorção de fatos e informações, também é uma estratégia recorrente, que busca manipular a opinião pública em favor dos interesses do governo. Essas práticas são semelhantes à utilizadas pelo nazismo e pelo fascismo, que também utilizavam a propaganda para manipular e controlar a opinião pública.

Outro elemento marcante da propaganda bolsonarista é a construção de um líder carismático, que é apresentado como um salvador da pátria e um defensor dos valores tradicionais e conservadores. Esse tipo de culto à personalidade é semelhante ao utilizado pelo nazismo e pelo fascismo, que também valorizavam a figura do líder carismático e autoritário.

Por fim, a estética e os símbolos utilizados na propaganda bolsonarista também remetem ao nazismo e ao fascismo, como a utilização de cores fortes, a valorização da ordem e da disciplina, e a utilização de símbolos marcantes, como a bandeira do Brasil e a imagem do presidente Jair Bolsonaro. Essas práticas também trazem elementos semelhantes, como a demonização de grupos específicos, a construção de um inimigo comum, a negação da ciência e a defesa da violência como forma de resolver conflitos.

Nesse sentido, é importante destacar que o bolsonarismo não é um fenômeno isolado, mas sim parte de um movimento global de ascensão de líderes autoritários e populistas de direita que utilizam estratégias semelhantes de propaganda e retórica de ódio para conquistar e manter o poder. Como afirma o historiador e filósofo político norte-americano, Jason Stanley: "O fascismo é um fenômeno transnacional e sua aparência, assim como sua retórica e sua propaganda, têm muito em comum ao redor do mundo". (STANLEY, 2021, p. 31).

Portanto, é fundamental que a sociedade como um todo esteja atenta aos discursos propagandísticos que visam a polarização e a disseminação de ódio, pois eles podem ter consequências graves para a democracia e para os direitos humanos. A história nos mostra que a propaganda e a retórica de ódio foram utilizadas por regimes autoritários para justificar a opressão, a perseguição e até mesmo o genocídio de grupos considerados "indesejáveis". Devemos, portanto, aprender com o passado e lutar para que essas estratégias não sejam utilizadas como forma de manter o poder em detrimento da liberdade e da justiça social.

O IMPACTO DO DISCURSO DE ÓDIO NA SOCIEDADE BRASILEIRA

O DISCURSO DE ÓDIO é uma expressão utilizada para se referir a qualquer discurso que incite à discriminação, hostilidade ou violência contra indivíduos ou grupos com base em características como raça, etnia, gênero, orientação sexual, religião, entre outras. Esse tipo de discurso pode ser encontrado em diversos contextos, incluindo a política, a mídia e a internet. No Brasil, em particular, tem sido cada vez mais comum o surgimento de discursos de ódio por parte de líderes políticos e grupos extremistas, o que tem gerado preocupação em relação aos impactos que isso pode causar na sociedade brasileira como um todo.

Um dos principais impactos do discurso de ódio na sociedade é o fomento à violência e à discriminação. Segundo a Comissão Interamericana de Direitos Humanos (CIDH), "as expressões de ódio podem incitar a violência, gerar tensões sociais e raciais e, em casos extremos, levar a conflitos violentos". Além disso, o discurso de ódio pode levar a um aumento da intolerância e da discriminação contra grupos minoritários, o que pode prejudicar sua inclusão e participação na sociedade.

Outro impacto importante do discurso de ódio é a desinformação e a disseminação de notícias falsas. Muitas vezes, discursos de ódio são baseados em informações falsas ou distorcidas, que podem levar a uma percepção distorcida da realidade e à tomada de decisões equivocadas. Segundo a UNESCO, "a desinformação é um dos principais obstáculos para o respeito aos direitos humanos e a consolidação de sociedades democráticas e inclusivas".

Além disso, o discurso de ódio pode levar a um enfraquecimento das instituições democráticas e ao surgimento de governos autoritários. Segundo a pesquisadora norte-americana Joan Donovan, "o discurso de ódio é uma tática política que tem sido usada ao longo da história para deslegitimar grupos políticos e enfraquecer a democracia". Em outros casos, líderes políticos usam o discurso de ódio como uma forma de mobilizar apoio popular e se manter no poder, o que pode levar a um enfraquecimento das instituições democráticas e a um aumento da repressão política.

O discurso de ódio pode ter impactos significativos na sociedade brasileira, incluindo a disseminação de violência e discriminação, a desinformação e a fragilização das instituições democráticas. É importante que sejam tomadas medidas para combater esse tipo de discurso, incluindo a promoção do diálogo e da diversidade, o fortalecimento da liberdade de imprensa e o desenvolvimento de políticas públicas que visem a inclusão e o respeito aos direitos humanos.

CONSIDERAÇÕES

ESTE CAPÍTULO TEVE COMO objetivo analisar as semelhanças entre o bolsonarismo e o nazifascismo, no que diz respeito à disseminação do discurso de ódio na sociedade. A partir da análise de obras literárias, jornais, revistas, estudos, artigos e teses históricos, foi possível constatar que, embora existam diferenças significativas entre os dois movimentos, a estratégia de propaganda baseada na disseminação do ódio e do medo é uma das principais semelhanças entre eles.

A propaganda bolsonarista se baseia em discursos de ódio contra grupos minoritários, como negros, mulheres, LGBTQIA+ e povos indígenas, buscando a polarização da sociedade e a criação de um inimigo imaginário, tal como ocorria no nazismo e no fascismo. As narrativas bolsonaristas também se utilizam de táticas de desinformação e *fake news*, a fim de manipular a opinião pública.

Ao analisar as semelhanças entre a disseminação do discurso de ódio no bolsonarismo e no nazifascismo, é importante destacar que essa estratégia pode ter consequências nefastas para a sociedade. Conforme apontado por Snyder (2018), o discurso de ódio pode levar à legitimação da violência, à perseguição de minorias e até mesmo ao genocídio.

Além disso, é importante destacar que o discurso de ódio pode levar à erosão da democracia, à medida que alimenta a polarização da sociedade e enfraquece as instituições democráticas. Como salientado por Eco (2017), a propaganda baseada no ódio é uma estratégia que visa enfraquecer as instituições democráticas, ao minar a confiança na imprensa livre, na ciência e no próprio sistema democrático.

Diante desse cenário, torna-se fundamental o papel da sociedade e das instituições democráticas na denúncia e no combate ao discurso de ódio. É importante que as instituições democráticas sejam fortalecidas, a fim de garantir a pluralidade e a diversidade de opiniões, bem como a proteção dos direitos humanos e das minorias.

Por fim, é preciso lembrar que a construção de uma sociedade mais justa e igualitária passa necessariamente pelo combate à disseminação do discurso de ódio e pela promoção do diálogo e do respeito às diferenças. Como afirmado por Bauman (2013), "a única cura eficaz para o vírus do mal é o antídoto do bem".

REFERÊNCIAS

ARENDT, Hannah. As origens do totalitarismo. São Paulo: Companhia das Letras, 2012.

ARISTÓTELES. (2016). Retórica. Martin Claret.

BENESCH, S. (2015). "Dangerous Speech: A Practical Guide". World Movement for Democracy.

BAUMAN, Zygmunt. 44 cartas do mundo líquido moderno. Rio de Janeiro: Zahar, 2013.

CASTELLS, Manuel. Redes de indignação e esperança: movimentos sociais na era da internet. Rio de Janeiro: Zahar, 2013.

CHOMSKY, N. (2002). "Media Control: The Spectacular Achievements of Propaganda". Seven Stories Press.

COMISSÃO INTERAMERICANA DE DIREITOS HUMANOS. Relatório sobre a intolerância e a discriminação raciais no Brasil. 2018.

DELLA PORTA, Donatella; DIANI, Mario. Movimentos sociais: uma introdução. São Paulo: Edições Loyola, 2006.

DONOVAN, Joan. "Why we need to take hate speech seriously". TED Talk, 2020.

DORNELLES, João. Bolsonaro e a História do Brasil. Editora Todavia, 2021.

ECO, Umberto. O Fascismo Eterno. Editora Record, 2017.

FERREIRA, Daniel. A Retórica do Ódio: Análise do Discurso de Jair Bolsonaro. Editora Appris, 2020.

FEDERICO, C. M., Sidanius, J., & Lambert, A. J. (2002). "Ingroup identification, outgroup hostility, and authoritarianism: tripartite interrelationships". European Journal of Social Psychology, 32(1), 1-12.

KAWAKAMI, K., & Dovidio, J. F. (2001). "The reliability of implicit stereotyping". Personality and Social Psychology Bulletin, 27(2), 212-225.

LASSWELL, H. D. (1927). Propaganda Technique in the World War. Knopf.

LEAL, Vinícius. O Ódio como Política: A Reinvenção da Direita no Brasil. Editora Civilização Brasileira, 2018.

MELLO, João Manuel Cardoso de. O capitalismo tardio. São Paulo: Brasiliense, 1991.

MUDDE, Cas. Populismo: uma breve introdução. São Paulo: Estação das Letras e Cores, 2019.

NUNES, Leandro Piquet. Escola Sem Partido: Esfinge que ameaça a educação e a sociedade brasileira. Editora Contraponto, 2017.

PINKER, S. (2018). "Enlightenment Now: The Case for Reason, Science, Humanism, and Progress". Viking.

RODRIGUES, Camila, ABE, Rebeca e MATOS, Larissa. O mito do kit gay: a política LGBT nas escolas entre *fake news* e a luta por direitos. Editora Letramento, 2019.

SILVA, Jonatha Willyan Lima. O bolsonarismo e a construção da polarização política: uma análise de discurso. Dissertação (Mestrado em Linguística) - Universidade Federal da Paraíba, João Pessoa, 2020.

SNYDER, Timothy. Sobre a Tirania: Vinte Lições do Século XX Para o Presente. Companhia das Letras, 2017.

SOUZA, Jessé. A elite do atraso: da escravidão à Lava Jato. Rio de Janeiro: Leya, 2017.

STANLEY, Jason. Como Funciona o Fascismo: A Política do "Nós" e "Eles". L&PM, 2021.

TARROW, Sidney. Power in movement: social movements and contentious politics. New York: Cambridge University Press, 2011.

UNESCO. Desinformação em tempos de COVID-19. 2020. Disponível em: https://unesdoc.unesco.org/ark:/48223/pf0000373339.locale=en. Acesso em: 22 fev. 2023.

VOLLMER, Carolina. Bolsonarismo e *fake news*: um estudo de caso sobre a disseminação do discurso de ódio nas redes sociais. Revista de Informação Legislativa, Brasília, v. 56, n. 221, p. 109-125, jan./mar. 2019.

WODAK, Ruth. The politics of fear: what right-wing populist discourses mean. Sage Publications, 2015.

Capítulo 4 – AS ESTRATÉGIAS DE PROPAGANDA E CONTROLE DA MÍDIA NO BOLSONARISMO

UMA ANÁLISE COMPARATIVA COM O NAZISMO E O FASCISMO

A COMUNICAÇÃO DE MASSA sempre foi utilizada como ferramenta para moldar opiniões e comportamentos em sociedades democráticas e autoritárias. No Brasil, o governo de Jair Bolsonaro usou intensivamente as estratégias de propaganda e controle da mídia para moldar a opinião pública e manter-se no poder. Nesse contexto, é necessário entender como essas estratégias se comparam com as utilizadas pelo nazismo e fascismo.

O objetivo deste capítulo é analisar as estratégias de propaganda e controle da mídia no governo de Jair Bolsonaro, comparando-as com aquelas utilizadas pelo nazismo e fascismo.

Serão analisados os discursos e ações do governo de Jair Bolsonaro, assim como a cobertura da mídia em relação ao governo. Será também realizada uma análise comparativa com as estratégias utilizadas pelo nazismo e fascismo, a fim de identificar semelhanças e diferenças entre esses regimes autoritários.

AS TÉCNICAS DE PROPAGANDA E CONTROLE DA MÍDIA NO NAZISMO

AS TÉCNICAS DE PROPAGANDA e controle da mídia utilizadas no regime nazista foram fundamentais para o estabelecimento e manutenção do poder de Adolf Hitler na Alemanha. De acordo com Primo Levi (1986), a propaganda nazista foi responsável por criar uma imagem idealizada do Führer e do Estado alemão, que era incutida na mente dos cidadãos através de vários meios, incluindo o cinema, o rádio e a imprensa.

Segundo Kershaw (1993), uma das principais técnicas utilizadas pelos nazistas foi a "cooptação da mídia". Através de subornos e ameaças, jornalistas e editores eram cooptados para apoiar o partido nazista e a sua ideologia, ao mesmo tempo que veículos de comunicação independentes eram suprimidos ou fechados. Kershaw (1993) destaca que "a imprensa alemã, tanto antes como depois da tomada do poder pelo Partido Nazista, foi caracterizada por um elevado grau de dependência do governo".

Outra técnica utilizada pelos nazistas foi a criação de uma propaganda visual impactante, que utilizava imagens e símbolos fortes para incutir as ideias nazistas na mente das pessoas. O livro "A arte da propaganda nazista", de Abramo (2015), apresenta várias dessas imagens, como o famoso poster "Blut und Boden" ("Sangue e Solo"), que apresenta um fazendeiro alemão forte e saudável trabalhando na terra, e o poster "Der Ewige Jude" ("O Judeu Eterno"), que retrata o judeu como uma criatura monstruosa.

Além disso, os nazistas utilizaram a propaganda como meio de justificar suas políticas e ações. Segundo Lipstadt (1993), os nazistas "distorciam a verdade para apresentar suas políticas como benéficas para o povo alemão e como necessárias para a segurança e a estabilidade da nação". Essa técnica foi particularmente eficaz na criação de uma imagem negativa dos judeus, que eram retratados como uma ameaça à segurança nacional e como uma raça inferior.

É importante destacar que as técnicas de propaganda e controle da mídia utilizadas pelos nazistas não foram exclusivas desse regime. De acordo com Pratkanis e Aronson (1992), "os nazistas simplesmente utilizaram técnicas que já haviam sido desenvolvidas e aprimoradas por outros governos e organizações, e as aplicaram de maneira mais sistemática e eficiente". No entanto, é inegável que a propaganda nazista teve um impacto profundo na sociedade alemã e contribuiu para a consolidação do regime autoritário de Hitler.

As técnicas de propaganda e controle da mídia utilizadas pelo regime nazista foram fundamentais para o estabelecimento e manutenção do poder de Adolf Hitler na Alemanha. Essas técnicas incluíram a cooptação da mídia, a criação de uma propaganda visual impactante, a justificação das políticas e ações nazistas através da propaganda, e a criação de uma imagem negativa dos judeus.

AS TÉCNICAS DE PROPAGANDA E CONTROLE DA MÍDIA NO FASCISMO

A UTILIZAÇÃO DE TÉCNICAS de propaganda e controle da mídia é uma característica recorrente dos regimes fascistas, que visam moldar a opinião pública e consolidar seu poder. De acordo com Stanley Payne (1995), "a propaganda foi um dos principais instrumentos do fascismo, usada para criar e manter o consenso popular e, ao mesmo tempo, impor a ideologia do regime". Neste sentido, o objetivo deste texto é analisar as técnicas de propaganda e controle da mídia utilizadas pelos regimes fascistas.

Uma das principais técnicas utilizadas pelos regimes fascistas foi a criação de um culto à personalidade do líder. Em seu estudo sobre o fascismo italiano, Griffin (1991) destaca que Mussolini era retratado como um líder carismático e infalível, que personificava a unidade e a grandeza da nação italiana. Para isso, a propaganda fascista criou um mito em torno da figura do líder, apresentando-o como um salvador da pátria e um líder messiânico.

Além disso, os regimes fascistas utilizavam a propaganda para disseminar uma ideologia nacionalista e autoritária. Segundo Bar-On (1997), a propaganda fascista buscava apresentar o regime como a única alternativa para a salvação da nação, retratando o povo como parte de uma comunidade nacional homogênea e orgânica, que deveria se submeter à vontade do líder e do Estado. A propaganda fascista buscava criar um sentimento de pertencimento e união, em contraposição aos supostos "inimigos" do regime, que eram apresentados como uma ameaça à nação.

Outra técnica utilizada pelos regimes fascistas foi o controle da mídia e a censura. Segundo Kallis (2003), os regimes fascistas se utilizavam da censura para reprimir a liberdade de expressão e de imprensa, impedindo a difusão de ideias contrárias à ideologia oficial do Estado. Além disso, o Estado fascista controlava diretamente os veículos de comunicação, como jornais, rádios e cinemas, para garantir a disseminação da propaganda oficial.

Por fim, é importante destacar que a propaganda fascista utilizava também a violência e a repressão como forma de controle da opinião pública. De acordo com Martin (2003), "os regimes fascistas utilizavam a violência como forma de intimidar os oponentes e silenciar a oposição, criando um clima de medo e terror na sociedade". Isso incluía a prisão e a perseguição de jornalistas, intelectuais e artistas que não se alinhavam com a ideologia do regime.

As técnicas de propaganda e controle da mídia utilizadas pelos regimes fascistas buscavam moldar a opinião pública, criar um consenso em torno da ideologia oficial e consolidar o poder do Estado. Essas técnicas incluíam a criação de um culto à personalidade do líder, a disseminação de uma ideologia autoritária e nacionalista, o controle da mídia e a censura, e a utilização da violência e da repressão como forma de controle da opinião pública.

TÉCNICAS DE PROPAGANDA E CONTROLE DA MÍDIA NO GOVERNO BOLSONARO

A UTILIZAÇÃO DE TÉCNICAS de propaganda e controle da mídia é uma prática comum em regimes autoritários, cujo objetivo é moldar a opinião pública e consolidar o poder. No caso do governo de Jair Bolsonaro, o uso dessas estratégias tem sido uma constante desde o início de seu mandato em 2019, e se intensificou com o passar do tempo. O objetivo deste texto é analisar as técnicas de propaganda e controle da mídia adotadas pelo governo Bolsonaro, com base em literatura científica existente sobre o tema.

O CULTO À PERSONALIDADE DO LÍDER

UMA DAS PRINCIPAIS TÉCNICAS utilizadas pelo governo Bolsonaro é a criação de um culto à personalidade do líder. Segundo Stanley Payne (1995), "a propaganda foi um dos principais instrumentos do fascismo, usada para criar e manter o consenso popular e, ao mesmo tempo, impor a ideologia do regime". No caso de Bolsonaro, a utilização das redes sociais tem sido fundamental para a disseminação de sua imagem como um líder forte e decidido, que não teme confrontar aqueles que considera seus inimigos. De acordo com Bruno Reis (2020), "Bolsonaro é o primeiro presidente brasileiro a governar com base em uma narrativa virtual, em que o Twitter se transformou em um canal oficial de comunicação do governo". Essa estratégia de comunicação tem permitido a Bolsonaro criar uma base de apoio sólida e fiel, que defende suas ideias e valores independentemente dos fatos ou argumentos contrários.

A PROPAGANDA AUTORITÁRIA E NACIONALISTA

OUTRA TÉCNICA UTILIZADA pelo governo Bolsonaro é a disseminação de uma ideologia autoritária e nacionalista. Segundo Bar-On (1997), a propaganda fascista buscava apresentar o regime como a única alternativa para a salvação da nação, retratando o povo como parte de uma comunidade nacional homogênea e orgânica, que deveria se submeter à vontade do líder e do Estado. No caso de Bolsonaro, a retórica nacionalista e autoritária tem sido utilizada para construir uma imagem de um líder forte e decidido, que está disposto a defender os interesses do Brasil a qualquer custo. De acordo com Bruno Reis (2020), "a retórica nacionalista de Bolsonaro se baseia na ideia de que o Brasil deve se libertar das amarras ideológicas e econômicas que o impedem de se desenvolver plenamente como nação". Essa retórica tem sido utilizada para justificar medidas polêmicas, como a flexibilização do porte de armas, a retirada do Brasil do Acordo de Paris e a defesa do regime militar.

O CONTROLE DA MÍDIA E A CENSURA

UMA DAS ESTRATÉGIAS mais controversas adotadas pelo governo Bolsonaro tem sido a tentativa de controlar a mídia e reprimir a liberdade de expressão. Segundo Kallis (2003), os regimes fascistas se utilizavam da censura para reprimir a liberdade de expressão e de imprensa, impedindo a difusão de informações que fossem contrárias ao regime. No caso do governo Bolsonaro, o presidente e seus apoiadores têm atacado constantemente a imprensa e tentado desacreditar veículos de comunicação que fazem críticas ao governo. Além disso, o governo tem buscado impor sua agenda por meio de pressões sobre empresas de comunicação e tentativas de censura.

Um exemplo desse controle da mídia foi a tentativa de interferência na programação da TV Brasil, emissora estatal que tem como missão promover o acesso à informação e à cultura. Segundo reportagem de Eduardo Barretto (2021), o governo tentou impor uma programação alinhada com seus interesses políticos, chegando a enviar uma lista de sugestões de pautas aos jornalistas da emissora. Além disso, em 2020, a Secretaria de Comunicação da Presidência da República lançou um edital para contratação de uma empresa que desenvolvesse um software de monitoramento de redes sociais, o que gerou críticas e questionamentos sobre a possibilidade de uso da ferramenta para a vigilância de opositores políticos e jornalistas.

CONSIDERAÇÕES

A ANÁLISE DAS TÉCNICAS de propaganda e controle da mídia utilizadas pelo governo Bolsonaro mostra que elas têm sido uma constante desde o início de seu mandato. A criação de um culto à personalidade do líder, a disseminação de uma retórica autoritária e nacionalista e a tentativa de controle da mídia são estratégias típicas de regimes autoritários, que buscam consolidar o poder e suprimir a liberdade de expressão.

No entanto, é importante ressaltar que a democracia pressupõe a livre circulação de ideias e a pluralidade de opiniões, o que é fundamental para a construção de uma sociedade mais justa e igualitária. O controle da mídia e a censura são práticas incompatíveis com o Estado democrático de direito e devem ser combatidos por todos aqueles que defendem a liberdade de expressão e a defesa dos direitos humanos.

A MANIPULAÇÃO DA OPINIÃO PÚBLICA COMO FORMA DE CONTROLE NO GOVERNO BOLSONARO

A MANIPULAÇÃO DA OPINIÃO pública é uma estratégia utilizada por governos e grupos políticos para influenciar a percepção e o comportamento da população. No governo Bolsonaro, a manipulação da opinião pública tem sido amplamente utilizada como forma de controlar a narrativa e se manter no poder. Para compreender essa estratégia, é necessário analisar as técnicas utilizadas e o contexto político em que elas são aplicadas.

Um dos principais mecanismos utilizados pelo governo Bolsonaro para manipular a opinião pública é a disseminação de informações falsas e desinformação. De acordo com estudo realizado pela Universidade de São Paulo, "a desinformação e as notícias falsas são um dos maiores desafios para as democracias do século XXI" (OLIVEIRA et al., 2019, p. 10). Esse estudo também aponta que a disseminação de informações falsas tem como objetivo "desacreditar instituições, desestabilizar governos, enfraquecer adversários políticos e criar tensões sociais" (OLIVEIRA et al., 2019, p. 12). No governo Bolsonaro, as informações falsas têm sido utilizadas para difamar adversários políticos, desacreditar a imprensa e alimentar teorias conspiratórias.

Outra técnica utilizada pelo governo Bolsonaro para manipular a opinião pública é a censura e o controle da imprensa. Segundo o relatório da organização Repórteres Sem Fronteiras, "o governo Bolsonaro se destaca pela retórica agressiva e hostilidade em relação à imprensa" (REPÓRTERES SEM FRONTEIRAS, 2020, p. 3). Esse relatório aponta que o governo Bolsonaro tem utilizado diversas estratégias para censurar a imprensa, como ameaças, processos judiciais e restrições de acesso à informação.

Além disso, o governo Bolsonaro tem utilizado as redes sociais como forma de controlar a narrativa e influenciar a opinião pública. Segundo o livro "Redes Sociais e Eleições", as redes sociais têm se tornado "um espaço importante para a disseminação de informações políticas e a mobilização de eleitores" (SCHERER e MURAKAMI, 2019, p. 34). No governo Bolsonaro, as redes sociais têm sido utilizadas para disseminar informações falsas, atacar adversários políticos e mobilizar apoiadores.

Diante dessas técnicas de manipulação da opinião pública, é importante destacar que a sociedade civil e as instituições democráticas têm um papel fundamental na defesa da liberdade de expressão e no combate à desinformação. Como afirma o sociólogo Pierre Bourdieu, "o jornalismo é um contrapoder que contribui para a crítica dos poderes constituídos e para a defesa dos interesses dos dominados" (BOURDIEU, 1996, p. 55). Nesse sentido, é necessário fortalecer as instituições democráticas e a liberdade de imprensa como forma de resistência à manipulação da opinião pública.

A IMPORTÂNCIA DA LIBERDADE DE IMPRENSA E DO JORNALISMO INDEPENDENTE

A LIBERDADE DE IMPRENSA e o jornalismo independente são fundamentais para o funcionamento da democracia e para a proteção dos direitos humanos. Como afirmou o filósofo e político inglês John Stuart Mill, "a imprensa livre é a paladina dos direitos humanos" (MILL, 1859, p. 9). Neste texto, será discutido o papel do jornalismo independente na sociedade contemporânea, bem como a importância da liberdade de imprensa para o pleno exercício da cidadania.

O jornalismo independente se caracteriza pela busca da verdade, pela fiscalização do poder e pela defesa dos interesses da sociedade. Segundo o jornalista e escritor brasileiro Geneton Moraes Neto, "o jornalismo independente é aquele que não tem compromisso com os poderosos e que busca, incessantemente, a verdade" (NETO, 2003, p. 27). O jornalismo independente é fundamental para o funcionamento da democracia, pois permite que a sociedade tenha acesso a informações relevantes e possa exercer o seu direito de escolha de forma consciente.

A liberdade de imprensa, por sua vez, é uma condição essencial para a existência do jornalismo independente. Como afirmou o filósofo e político francês Montesquieu, "a liberdade da imprensa é um corolário da liberdade individual" (MONTESQUIEU, 1748, p. 168). A liberdade de imprensa garante o direito dos jornalistas de investigar e divulgar informações de interesse público, sem censura ou interferência do Estado ou de grupos de poder.

A importância da liberdade de imprensa e do jornalismo independente é ainda mais relevante em tempos de crise política e institucional. De acordo com a organização Repórteres Sem Fronteiras, "em muitos países, os jornalistas são vítimas de intimidação, ameaças, agressões e assassinatos" (REPÓRTERES SEM FRONTEIRAS, 2020, p. 5). A liberdade de imprensa e o jornalismo independente são essenciais para a proteção dos direitos humanos, para o combate à corrupção e para o fortalecimento das instituições democráticas.

No entanto, a liberdade de imprensa e o jornalismo independente são frequentemente ameaçados por interesses políticos e econômicos. A concentração da propriedade dos meios de comunicação, por exemplo, pode limitar a diversidade de opiniões e a pluralidade de ideias. A falta de financiamento público para a imprensa independente pode inviabilizar a existência de veículos que não têm compromisso com os poderosos. A regulamentação excessiva da atividade jornalística pode limitar a liberdade de expressão e a fiscalização do poder.

Diante desses desafios, é necessário fortalecer a liberdade de imprensa e o jornalismo independente como forma de garantir a transparência e a responsabilidade dos poderes públicos. Como afirmou o jurista brasileiro Dalmo Dallari, "a liberdade de imprensa é um direito humano essencial para o funcionamento da democracia e para a garantia da justiça social" (DALLARI, 2003, p. 78). Para isso, é preciso promover políticas públicas que incentivem a diversidade e a pluralidade de vozes na mídia, assim como a garantia de segurança e proteção aos jornalistas, especialmente em regiões onde há conflitos e violência.

A importância da liberdade de imprensa e do jornalismo independente é inegável para o fortalecimento das instituições democráticas e para a garantia dos direitos humanos. É preciso reconhecer a necessidade de proteger e fortalecer esses valores, por meio de políticas públicas que promovam a diversidade e a pluralidade de vozes, bem como a garantia de segurança e proteção aos jornalistas.

CONSIDERAÇÕES

AS ESTRATÉGIAS DE PROPAGANDA e controle da mídia adotadas pelo governo Bolsonaro geram preocupação quanto aos rumos da democracia brasileira. A análise comparativa com regimes autoritários do passado, como o nazismo e o fascismo, aponta para semelhanças significativas em termos de manipulação da informação e da opinião pública.

Segundo o historiador britânico Richard J. Evans, "a propaganda é um dos elementos fundamentais dos regimes autoritários" (EVANS, 2001, p. 41). No caso do bolsonarismo, a estratégia de propaganda se baseia na disseminação de notícias falsas e na desqualificação da imprensa tradicional, que é vista como inimiga do governo. A criação do termo *"fake news"* e a acusação de que a mídia tradicional produz *"fake news"* tem como objetivo deslegitimar os veículos de comunicação que não se alinham com o discurso do governo.

Além disso, o governo Bolsonaro tem utilizado mecanismos de controle da mídia, como a nomeação de aliados políticos para cargos de direção na Empresa Brasileira de Comunicação (EBC) e na Agência Nacional de Cinema (Ancine), a retirada de publicidade governamental de veículos críticos e a ameaça de cortar verbas públicas para universidades que realizam pesquisas críticas ao governo.

Essas estratégias de propaganda e controle da mídia lembram as práticas adotadas pelo nazismo e pelo fascismo no passado. Como afirmou o filósofo e político italiano Norberto Bobbio, "a liberdade de imprensa é um dos primeiros direitos a serem eliminados pelos regimes autoritários" (BOBBIO, 1988, p. 49). O controle da mídia é uma forma de limitar a diversidade de opiniões e de controlar a narrativa dos fatos.

Diante desses fatos, é fundamental que a sociedade brasileira se mobilize para defender a liberdade de imprensa e a independência dos veículos de comunicação. Como afirmou o jornalista e escritor brasileiro Geneton Moraes Neto, "a imprensa livre é um dos pilares da democracia" (NETO, 2003, p. 35). A liberdade de imprensa é essencial para a fiscalização do poder e para o exercício da cidadania.

Nesse sentido, é preciso valorizar e apoiar os veículos de comunicação independentes, que têm como compromisso a busca da verdade e a defesa dos interesses da sociedade. Além disso, é necessário fortalecer as instituições democráticas, garantindo a independência dos poderes e o respeito aos direitos humanos.

As estratégias de propaganda e controle da mídia adotadas pelo governo Bolsonaro apontam para uma ameaça à democracia brasileira. A análise comparativa com regimes autoritários do passado reforça a importância da defesa da liberdade de imprensa e da independência dos veículos de comunicação. É fundamental que a sociedade brasileira se mobilize para garantir a transparência e a responsabilidade dos poderes públicos.

REFERÊNCIAS

ABRAMO, H. W. (2015). A arte da propaganda nazista. São Paulo: Três Estrelas.

BAR-ON, T. Fascism and totalitarianism: a comparative study. University of California Press, 1997.

BARRETTO, E. Governo Bolsonaro tentou interferir na TV Brasil em ao menos três ocasiões. UOL, 19 fev. 2021. Disponível em: https://noticias.uol.com.br/politica/ultimas-noticias/2021/02/19/governo-bolsonaro-tentou-interferir-na-tv-brasil-em-ao-menos-tres-ocasioes.htm. Acesso em: 20 fev. 2021.

BAR-ON, T. The Roots of Appeasement. The British Weekly Press and Nazi Germany during the1930s. Oxford: Clarendon Press, 1997.

BOBBIO, Norberto. Estado, governo, sociedade: para uma teoria geral da política. São Paulo: Paz e Terra, 1988.

BOURDIEU, P. Sobre a Televisão. Rio de Janeiro: Jorge Zahar Editor, 1996.

DALLARI, Dalmo de Abreu. O poder dos poderes. São Paulo: Saraiva, 2003.

EVANS, Richard J. O que é história? Da filosofia à ciência. Rio de Janeiro: Jorge Zahar, 2001.

GRIFFIN, R. The Nature of Fascism. New York: St. Martin's Press, 1991.

KALLIS, A. Fascism reader. Routledge, 2003.

KALLIS, A. The Fascism Reader. New York: Routledge, 2003.

KERSHAW, I. (1993). A ascensão do nazismo: 1919-1939. São Paulo: Companhia das Letras.

LEVI, P. (1986). É isto um homem?. Rio de Janeiro: Rocco.

LIPSTADT, D. E. (1993). Negando o Holocausto: a crescente onda de ataques contra a memória dos judeus. São Paulo: Companhia das Letras.

MARTIN, B. R. The Politics of Authenticity: Radical Individualism and the Emergence of Modern Society. Cambridge: Cambridge University Press, 2003.

MILL, John Stuart. On Liberty. Londres: John W. Parker and Son, 1859.

MONTESQUIEU, Charles-Louis de Secondat, barão de. O espírito das leis. São Paulo: Martins Fontes, 1748.

NETO, Geneton Moraes. O poder e a imprensa: a história da luta pelo controle da informação. Rio de Janeiro: Record, 2003.

NETO, Geneton Moraes. O poder da imprensa. São Paulo: Contexto, 2003.

OLIVEIRA, T. et al. Desinformação e *fake news*. São Paulo: Instituto de Estudos Avançados da Universidade de São Paulo, 2019.

PAYNE, S. Fascism: comparison and definition. University of Wisconsin Press, 1995.

PAYNE, S. G. Fascism: Comparison and Definition. Madison: University of Wisconsin Press, 1995.

PRATKANIS, A. R., & Aronson, E. (1992). A era da propaganda: o uso político da comunicação. São Paulo: Cultrix.

REIS, B. O presidente da narrativa virtual. Nexo, 12 fev. 2020. Disponível em: https://www.nexojornal.com.br/ensaio/2020/O-presidente-da-narrativa-virtual. Acesso em: 20 fev. 2021.

REPÓRTERES SEM FRONTEIRAS. Relatório Anual 2020. Disponível em: https://rsf.org/en/2019-world-press-freedom-index-freedoms-under-threat-mena-region. Acesso em: 19 de fevereiro de 2023.

REPÓRTERES SEM FRONTEIRAS. Brasil. Disponível em: https://rsf.org/pt/brasil. Acesso em: 15 fev. 2023.

SCHERER, F.; MURAKAMI, R. Redes Sociais e Eleições. São Paulo: Com-Arte, 2019.

Capítulo 5 – O PAPEL DA JUSTIÇA NA LUTA CONTRA O AUTORITARISMO

UMA ANÁLISE DO JUDICIÁRIO BRASILEIRO E SUA RELAÇÃO COM O BOLSONARISMO

A ASCENSÃO DO BOLSONARISMO no Brasil tem gerado diversas discussões sobre o papel das instituições na defesa da democracia e na promoção dos direitos humanos. O judiciário brasileiro, por sua vez, tem sido colocado em xeque quanto ao seu posicionamento frente ao governo Bolsonaro e sua retórica autoritária. Nesse contexto, surge a necessidade de analisar o papel da justiça na luta contra o autoritarismo, considerando a conjuntura política e jurídica do Brasil.

Este capítulo tem como objetivo principal realizar uma análise crítica sobre a relação entre o judiciário brasileiro e o bolsonarismo, buscando entender as possibilidades e limites da atuação da justiça na defesa da democracia.

A INDEPENDÊNCIA DO PODER JUDICIÁRIO NO ESTADO DEMOCRÁTICO DE DIREITO

A INDEPENDÊNCIA DO PODER judiciário no Estado Democrático de Direito é um tema de extrema importância para a sociedade, pois garante a aplicação imparcial das leis, a proteção dos direitos individuais e coletivos e a preservação da democracia. Para discutir esse assunto, é preciso compreender o que é o poder judiciário, como ele se relaciona com os demais poderes do Estado e qual é a sua função dentro do sistema jurídico.

Segundo Bonavides (2006, p. 475), o poder judiciário é "o conjunto de tribunais e juízes encarregados de aplicar as leis, dirimir conflitos e proteger os direitos dos cidadãos". Essa função é fundamental para garantir o equilíbrio entre os poderes do Estado, pois cabe ao judiciário interpretar e aplicar as normas legais, bem como fiscalizar a atuação dos demais poderes, garantindo que estes cumpram suas atribuições dentro dos limites estabelecidos pela Constituição.

De acordo com Machado (2019, p. 116), a independência do poder judiciário é uma das condições fundamentais para o funcionamento do Estado Democrático de Direito. Essa independência deve ser entendida como a "capacidade dos juízes de decidirem livremente, sem ingerência ou influência de qualquer outro poder ou entidade externa, e com base na Constituição e nas leis".

No entanto, a independência do poder judiciário não significa que ele esteja acima das leis ou que possa agir de forma arbitrária. Pelo contrário, o judiciário está sujeito a normas e procedimentos legais e deve agir dentro dos limites estabelecidos pela Constituição e pelas leis, como ressalta Habermas (2004, p. 318): "A independência judicial não é um privilégio dos juízes, mas um dever que lhes é imposto pelo Estado de Direito".

Ainda assim, é comum que haja pressões externas que busquem influenciar as decisões do judiciário, comprometendo sua independência. De acordo com Barroso (2017, p. 27), "as principais ameaças à independência do poder judiciário são as pressões políticas, as interferências administrativas e as ameaças ou agressões físicas contra juízes e tribunais". Por isso, é fundamental que haja mecanismos de proteção e garantia da independência judicial, como a vitaliciedade dos juízes, a autonomia financeira e administrativa dos tribunais e a fiscalização dos demais poderes sobre a atuação do judiciário.

Em relação ao Brasil, o judiciário tem passado por momentos de tensão em relação à sua independência, especialmente diante de pressões políticas e interferências externas. Segundo dados do Conselho Nacional de Justiça (2021), entre 2017 e 2020 foram registrados 265 casos de agressões e ameaças contra magistrados brasileiros, o que demonstra a gravidade do problema.

Para garantir a independência do poder judiciário, é fundamental que a sociedade e os demais poderes reconheçam a importância de sua atuação para a promoção da democracia e dos direitos humanos. Além disso, é preciso fortalecer os mecanismos de proteção e garantia da independência judicial, bem como investir em políticas de formação e capacitação dos magistrados para que possam atuar de forma ética, imparcial e comprometida com os valores democráticos.

Nesse sentido, é fundamental que haja uma constante discussão e reflexão sobre o papel do poder judiciário no Estado Democrático de Direito, como afirma Bobbio (1995, p. 197): "O poder judiciário é um tema de debate permanente e inesgotável, que sempre exigirá novas reflexões e análises críticas".

Portanto, é preciso que a sociedade e os poderes constituídos estejam atentos e engajados na defesa da independência do poder judiciário, garantindo assim a proteção dos direitos individuais e coletivos e a preservação da democracia.

A POLITIZAÇÃO DA JUSTIÇA

O CASO LULA

A POLITIZAÇÃO DA JUSTIÇA é um fenômeno que vem ganhando destaque em diversos países, inclusive no Brasil. Esse fenômeno ocorre quando as instituições judiciais são utilizadas para fins políticos, violando os princípios da independência, imparcialidade e neutralidade do poder judiciário. Esse foi o caso emblemático da condenação e prisão do ex-presidente Luiz Inácio Lula da Silva, que gerou intensos debates e controvérsias na sociedade brasileira.

De acordo com Mendes (2019), a politização da justiça pode ser definida como "a instrumentalização da Justiça pelos poderes políticos, com o objetivo de utilizar o sistema judiciário como meio para atingir objetivos políticos, econômicos e sociais". Nesse sentido, a justiça perde sua função primordial de garantir a aplicação imparcial das leis e se torna um instrumento de perseguição política.

No caso Lula, a politização da justiça ficou evidente em diversos momentos do processo judicial. Segundo Amaral (2020), o processo iniciou com a condução coercitiva do ex-presidente em 2016, que foi amplamente divulgada pela mídia e pela opinião pública como uma forma de humilhar e constranger o líder político. Além disso, o juiz responsável pelo caso, Sérgio Moro, teria autuado de forma parcial e comprometido a imparcialidade do julgamento, como apontado por diversos juristas e especialistas em direito.

Ainda de acordo com Amaral (2020), a condenação de Lula em segunda instância foi baseada em provas frágeis e questionáveis, o que gerou uma série de críticas e protestos da sociedade civil e de organizações internacionais de direitos humanos. A prisão de Lula em 2018, durante a campanha eleitoral, foi vista como uma forma de impedir sua candidatura e influenciar o resultado das eleições presidenciais.

O caso Lula evidenciou, assim, o problema da politização da justiça no Brasil, que compromete a democracia e o Estado de Direito. Segundo dados do Conselho Nacional de Justiça (2021), entre 2017 e 2020 foram registradas mais de 50 mil denúncias de irregularidades na atuação de magistrados brasileiros, o que demonstra a gravidade do problema.

Para enfrentar a politização da justiça, é fundamental que sejam criados mecanismos de proteção da independência e imparcialidade do poder judiciário, como a valorização da carreira dos magistrados, a criação

de órgãos de fiscalização e controle externo e o fortalecimento da democracia e dos direitos humanos. Além disso, é preciso reconhecer a importância da justiça como
um pilar fundamental da democracia e do Estado de Direito, e rejeitar qualquer tentativa de instrumentalização
do poder judiciário para fins políticos.

O caso Lula evidenciou a gravidade da politização
da justiça no Brasil e seus impactos na democracia e no
Estado de Direito. Para enfrentar esse problema, é necessário fortalecer as instituições democráticas e garantir a
independência e imparcialidade do poder judiciário, a
fim de que a justiça seja exercida de forma isenta e em
conformidade com as leis e princípios constitucionais.

O PROCESSO DE IMPEACHMENT DA EX-PRESIDENTE DILMA ROUSSEFF

O IMPEACHMENT DA EX-PRESIDENTE Dilma Rousseff
foi um acontecimento marcante na política brasileira recente, que gerou intensos debates e controvérsias na sociedade brasileira e internacional. O processo de impeach-

ment, que resultou na destituição da presidente, teve como base acusações de crime de responsabilidade fiscal.

Segundo Bonavides (2017), o impeachment é um procedimento jurídico-político que visa à destituição do chefe do Executivo por meio de um julgamento político no Congresso Nacional. No caso de Dilma Rousseff, o processo de impeachment teve início em dezembro de 2015, quando foi apresentado um pedido de abertura de impeachment na Câmara dos Deputados.

O processo de impeachment de Dilma Rousseff foi conduzido com base em acusações de crime de responsabilidade fiscal, relacionadas a supostas irregularidades na gestão do orçamento público. De acordo com o artigo 85 da Constituição Federal, constitui crime de responsabilidade fiscal a execução de operações de crédito sem autorização do Congresso Nacional e a realização de despesas não autorizadas por lei.

Segundo Lins (2016), as acusações contra Dilma Rousseff basearam-se na edição de decretos de crédito suplementar sem autorização do Congresso Nacional e no atraso no repasse de recursos do Tesouro Nacional a bancos públicos, para pagamento de programas sociais. Essas práticas teriam configurado um descumprimento da Lei de Responsabilidade Fiscal e, portanto, um crime de responsabilidade fiscal.

O processo de impeachment de Dilma Rousseff foi conduzido em duas etapas, uma na Câmara dos Deputados e outra no Senado Federal. Na Câmara, a denúncia contra a presidente foi aprovada por 367 votos a favor e 137 contra, em abril de 2016. No Senado, o processo foi julgado em agosto de 2016, e Dilma Rousseff foi destituída do cargo, com 61 votos a favor e 20 contra.

O impeachment de Dilma Rousseff gerou intensos debates e controvérsias na sociedade brasileira e internacional. Para alguns, tratou-se de um processo político-legislativo legítimo, baseado em acusações de crime de responsabilidade fiscal. Para outros, tratou-se de um golpe político, sem fundamentação jurídica, conduzido por setores da oposição e da mídia brasileira.

Segundo Garisto (2017), o de impeachment de Dilma Rousseff foi um momento de crise política e institucional no Brasil, que evidenciou a fragilidade das instituições democráticas e a falta de consenso político. O impeachment também foi visto como uma forma de legitimar a ascensão do então vice-presidente Michel Temer ao poder, que assumiu a presidência após a destituição de Dilma Rousseff.

O processo de impeachment da ex-presidente Dilma Rousseff foi um momento de intensos debates e controvérsias na sociedade brasileira e internacional, que evidenciou a fragilidade das instituições democráticas e a falta de consenso político no Brasil. O processo foi baseado em acusações de crime de responsabilidade fiscal, mas foi visto por alguns como um golpe político, sem fundamentação jurídica. Independentemente das interpretações, o processo de impeachment de Dilma Rousseff teve um impacto significativo na política brasileira e na percepção da sociedade em relação ao sistema político.

AS ILEGALIDADES NO PROCESSO DE IMPE-ACHMENT DE DILMA ROUSSEFF E NOS PRO-CESSOS CONTRA LULA

Os processos de impeachment da ex-presidente Dilma Rousseff e os processos contra o ex-presidente Luiz Inácio Lula da Silva são eventos marcantes da política brasileira recente. No entanto, esses processos foram marcados por diversas irregularidades e questionamentos jurídicos, que geraram intensos debates e controvérsias na sociedade brasileira e internacional.

No caso do processo de impeachment de Dilma Rousseff, uma das principais críticas diz respeito à falta de fundamentação jurídica das acusações. Segundo a análise de Figueiredo e Limongi (2017), as acusações contra a presidente Dilma Rousseff foram baseadas em uma interpretação questionável da Lei de Responsabilidade Fiscal, que permitiu a abertura de créditos suplementares sem autorização do Congresso Nacional.

Além disso, o processo de impeachment de Dilma Rousseff foi conduzido em meio a um clima de polarização política, com fortes influências da mídia e da opinião pública. Segundo Scherer (2018), a cobertura da imprensa sobre o processo de impeachment foi marcada por uma visão parcial e superficial dos fatos, que contribuiu para a construção de uma narrativa favorável à destituição da presidente.

No caso dos processos contra o ex-presidente Lula, as ilegalidades e questionamentos jurídicos são ainda mais evidentes. Segundo Morais (2020), o processo contra Lula na Operação Lava Jato foi conduzido de forma questionável, com a utilização de provas ilícitas e a falta de fundamentação jurídica das acusações.

Além disso, o processo contra Lula foi marcado por uma forte politização do Judiciário, com a utilização do processo judicial como uma ferramenta para a perseguição política. Segundo a análise de Viana (2019), o processo contra Lula na Lava Jato foi influenciado por interesses políticos e econômicos, que buscavam neutralizar a influência política do ex-presidente e impedir sua candidatura nas eleições presidenciais.

Os processos de impeachment de Dilma Rousseff e os processos contra o ex-presidente Lula foram marcados por diversas ilegalidades e questionamentos jurídicos, que evidenciam a fragilidade das instituições democráticas no Brasil. Essas irregularidades comprometeram a legitimidade dos processos e geraram intensos debates e controvérsias na sociedade brasileira e internacional.

A ILEGALIDADE NA PARCIALIDADE DE SERGIO MORO NA CONDUÇÃO DOS PROCESSOS DA OPERAÇÃO LAVA-JATO

A OPERAÇÃO LAVA-JATO é considerada a maior investigação de corrupção da história do Brasil. Iniciada em 2014, a operação investigou esquemas de corrupção envolvendo políticos, empresários e funcionários públicos, resultando em diversas prisões e condenações. No entanto, a condução dos processos pelo ex-juiz Sergio Moro, responsável pela operação, foi alvo de críticas por parte de juristas e especialistas em direito.

Segundo Boaventura (2019), a parcialidade de Sergio Moro na condução dos processos da Lava-jato foi evidenciada por diversas irregularidades. Uma das principais críticas é a utilização de prisões preventivas prolongadas como forma de coação para obtenção de delações premiadas. De acordo com o autor, essa prática fere o princípio da presunção de inocência e configura uma forma de pressão para obtenção de provas.

Além disso, a atuação de Moro também foi questionada por conta da divulgação ilegal de conversas privadas entre ele e procuradores da Lava-jato, captadas por meio de interceptação telefônica. Segundo Boaventura (2019), essa conduta viola a privacidade das pessoas envolvidas e demonstra um comportamento antiético e parcial do ex-juiz.

O autor ainda destaca que a seletividade na escolha dos réus a serem investigados também evidencia a parcialidade de Moro na condução dos processos. Segundo ele, a operação Lava-jato concentrou-se em investigar apenas partidos de esquerda, como o Partido dos Trabalhadores (PT), enquanto deixou de lado outras denúncias de corrupção envolvendo partidos de direita.

De acordo com Chomsky (2019), a atuação de Moro na Lava-jato teve motivações políticas, buscando desestabilizar o governo da ex-presidente Dilma Rousseff e fortalecer a oposição de direita. O autor ainda destaca que a parcialidade de Moro contribuiu para a condenação injusta e sem provas do ex-presidente Lula, que foi impedido de concorrer nas eleições presidenciais de 2018.

Diante dessas evidências, a parcialidade de Sergio Moro na condução dos processos da Operação Lava-jato é uma ilegalidade que deve ser considerada no julgamento dos réus envolvidos. Além disso, a atuação de Moro levanta questões sobre a politização do sistema judicial no Brasil e a necessidade de uma reforma para garantir a imparcialidade e a justiça nos processos judiciais.

O PAPEL DA JUSTIÇA NA LUTA CONTRA O AUTORITARISMO

A JUSTIÇA É UM DOS PILARES fundamentais da democracia e do Estado de Direito, sendo responsável por garantir a proteção dos direitos individuais e coletivos, bem como o cumprimento das leis e normas estabelecidas pela sociedade. Em regimes autoritários, no entanto, a justiça é frequentemente subvertida em favor dos interesses do regime, em detrimento da população e da garantia dos direitos humanos.

Para entender o papel da justiça na luta contra o autoritarismo, é preciso analisar o contexto histórico em que essas questões se desenvolvem. Segundo a pesquisadora Maria do Socorro Sousa Braga, em seu livro "Direitos humanos e justiça no Brasil: temas emergentes", a justiça brasileira tem uma longa tradição de servir aos interesses das elites e do Estado, em detrimento dos direitos das camadas mais pobres e marginalizadas da sociedade. Essa tradição se consolidou durante o período colonial e foi mantida durante a ditadura militar (1964-1985), quando a justiça foi utilizada como instrumento de repressão política e de manutenção do regime autoritário.

No entanto, a partir da redemocratização do país, a justiça brasileira passou por transformações significativas, com a criação de instituições como o Ministério Público e a Defensoria Pública, que buscam garantir a proteção dos direitos individuais e coletivos. Além disso, a Constituição de 1988 estabeleceu um conjunto de direitos e garantias fundamentais que devem ser protegidos pelo

Estado e pela justiça, independentemente da condição social ou política das pessoas.

Nesse sentido, é fundamental que a justiça exerça seu papel de garantidora dos direitos humanos e da democracia, combatendo as tentativas de subversão dos valores democráticos por parte de governos autoritários. Como destaca o jurista Lenio Streck, em seu livro "Jurisdição Constitucional e Decisão Jurídica", "a justiça é a principal salvaguarda dos direitos fundamentais em um Estado democrático de Direito, pois é por meio dela que se garante a proteção dos cidadãos contra eventuais abusos de poder do Estado".

Um exemplo recente de como a justiça pode ser utilizada para combater o autoritarismo é o processo de impeachment da ex-presidente Dilma Rousseff, em 2016. Apesar das controvérsias em torno do processo, ele foi conduzido dentro dos parâmetros legais estabelecidos pela Constituição, com a atuação independente do Poder Judiciário e do Ministério Público. Esse processo, embora tenha gerado críticas e divergências políticas, foi uma

demonstração da força e da independência das instituições democráticas brasileiras.

Por outro lado, a fragilidade da justiça em países
autoritários pode ser observada em exemplos como a
Rússia, onde a justiça é frequentemente utilizada como
instrumento de perseguição política contra opositores do
governo. Segundo um relatório da Anistia Internacional
de 2020, a justiça russa tem sido cada vez mais utilizada
para condenar ativistas políticos, jornalistas independentes e membros da sociedade civil, com base em acusações
infundadas de crimes como "extremismo" e "terrorismo".

Essas práticas autoritárias minam a confiança da
população nas instituições democráticas e na capacidade
da justiça de garantir a proteção dos direitos humanos.

Portanto, o papel da justiça na luta contra o autoritarismo é fundamental para a proteção da democracia e
dos direitos humanos. É necessário fortalecer as instituições democráticas, garantindo a independência e a autonomia da justiça em relação ao poder político, e assegu-
rando que as leis e normas sejam cumpridas e aplicadas
de forma justa e equitativa para todas as pessoas, inde-

pendentemente de sua condição social, política ou econômica.

CONSIDERAÇÕES

A RELAÇÃO ENTRE O JUDICIÁRIO brasileiro e o bolsonarismo é um tema complexo e polêmico que merece uma análise cuidadosa e embasada em fatos e evidências. Neste texto, foi possível perceber que a justiça tem um papel fundamental na luta contra o autoritarismo, uma vez que é responsável por garantir a proteção dos direitos individuais e coletivos, bem como o cumprimento das leis e normas estabelecidas pela sociedade.

No entanto, o judiciário brasileiro ainda enfrenta desafios em relação à garantia dos direitos humanos e da democracia, principalmente em razão de sua longa tradição de servir aos interesses das elites e do Estado. Apesar de ter passado por transformações significativas desde a redemocratização do país, ainda há questões a serem enfrentadas, como a falta de representatividade e diversidade em suas estruturas e a possibilidade de influências externas em suas decisões.

Além disso, a relação do judiciário brasileiro com o bolsonarismo tem gerado críticas e preocupações, sobretudo em razão da postura do presidente em relação à justiça e às instituições democráticas. Como destacou o jurista Lenio Streck, em seu livro "Jurisdição Constitucional e Decisão Jurídica", "o que está em jogo não é apenas o futuro de uma pessoa ou de um governo, mas sim o futuro da própria democracia".

Nesse sentido, é fundamental que a justiça brasileira mantenha sua independência e autonomia em relação aos poderes políticos e econômicos, garantindo a proteção dos direitos fundamentais e da democracia. Para tanto, é preciso que haja uma maior participação e representatividade de grupos historicamente marginalizados na estrutura do judiciário, bem como uma maior transparência e prestação de contas em suas decisões.

Por fim, é importante ressaltar que a luta contra o autoritarismo é uma responsabilidade de toda a sociedade, não apenas das instituições democráticas. É preciso que haja uma mobilização social em defesa dos valores democráticos e dos direitos humanos, a fim de garantir que os avanços conquistados até o momento não sejam

colocados em risco por interesses autoritários e antidemocráticos.

REFERÊNCIAS

ARDITTI, Rita. Searching for life: the grandmothers of the Plaza de Mayo and the disappeared children of Argentina. University of California Press, 1999.

AMARAL, Marcelo. A politização da Justiça no caso Lula: uma análise do processo jurídico-político. Revista Direito GV, São Paulo, v. 16, n. 3, p. 695-721, 2020.

ANISTIA INTERNACIONAL. Russian Federation: Justice Under Pressure. Disponível em: https://www.amnesty.org/download/Documents/EUR4686842020 ENGLISH.PDF. Acesso em: 18 fev. 2023.

ANISTIA INTERNACIONAL. Rússia 2020: Repressão no contexto da pandemia de COVID-19. Disponível em: https://www.amnesty.org/en/countries/europe-and-central-asia/russia/report-russia/. Acesso em 21 de fevereiro de 2023.

BARROSO, Luís Roberto. O papel do Judiciário no Estado contemporâneo. São Paulo: Saraiva, 2017.

BOAVENTURA, André. A Parcialidade de Sérgio Moro e a Destruição da Democracia. São Paulo: Editora Expressão Popular, 2019.

BOBBIO, Norberto. A Era dos Direitos. Rio de Janeiro: Campus, 1995.

BONAVIDES, Paulo. Curso de direito constitucional. São Paulo: Malheiros Editores, 2017.

BRAGA, Maria do Socorro Sousa. Direitos humanos e justiça no Brasil: temas emergentes. São Paulo: Cortez, 2017.

CHOMSKY, Noam. A Lava Jato e a Soberania Brasileira. São Paulo: Boitempo, 2019.

CONSELHO NACIONAL DE JUSTIÇA. Relatório Justiça em Números 2021. Brasília, DF: CNJ, 2021.

CONSELHO NACIONAL DE JUSTIÇA. Relatório Anual 2020. Disponível em: https://www.cnj.jus.br/wp-content/uploads/2021/05/RelatorioAnualCNJ_2020.pdf. Acesso em: 20 fev. 2023.

FIGUEIREDO, A.; LIMONGI, F. "Impeachment, Presidencialismo e Crise Política: Uma Análise Comparativa". Revista Brasileira de Ciências Sociais, vol. 32, n. 94, 2017.

GARISTO, Ana Cláudia. Impeachment e Crise Política no Brasil. Revista Brasileira de Política Internacional, v. 60, n. 1, 2017.

HABERMAS, Jürgen. Direito e Democracia. Rio de Janeiro: Tempo Brasileiro, 2004.

KELSEN, Hans. Teoria geral do direito e do Estado. Martins Fontes, 2003.

LINS, Robério Nunes. O impeachment da presidente Dilma Rousseff e o princípio do devido processo legal. Revista Brasileira de Direito Constitucional, v. 26, n. 1, 2016.

MACHADO, Jônatas Luiz Moreira. Independência do Poder Judiciário e o Estado Democrático de Direito. In: OLIVEIRA, Nythamar de (org.). Teoria Crítica, Direito e Democracia. São Paulo: Alameda, 2019. p. 115-135

MENDES, Gilmar Ferreira. Judicialização da política e politização da justiça. São Paulo: Saraiva, 2019.

MORAIS, J. "O Processo da Lava Jato contra Lula e as suas Ilegalidades". Revista de Direito Internacional, vol. 17, n. 2, 2020.

NERY JUNIOR, Nelson. Direito constitucional: teoria geral dos direitos fundamentais, controle de constitucionalidade e interpretação constitucional. 15. ed. São Paulo: Editora Revista dos Tribunais, 2020.

OLIVEIRA, Rafael Mafei Rabelo; REIS, Rossana Rocha. O Judiciário, a política e a democracia no Brasil contemporâneo. Novos Estudos, v. 40, n. 2, p. 119-137, 2021.

REVISTA ÉPOCA. A lista secreta de Jair Bolsonaro. 14 out. 2020. Disponível em: https://epoca.globo.com/a-lista-secreta-de-jair-bolsonaro-24784552. Acesso em: 20 fev. 2023.

SCHERER, J. "A Construção da Narrativa Midiática do Impeachment de Dilma Rousseff". Cadernos de Comunicação, vol. 23, n. 2, 2018.

STRECK, Lenio. Jurisdição Constitucional e Decisão Jurídica. São Paulo: Saraiva, 2014.

STRECK, Lenio Luiz. Jurisdição constitucional e decisão jurídica. São Paulo: Editora Revista dos Tribunais, 2002.

VIANA, R. "A Perseguição Política a Lula e os Limites da Democracia". Revista de Ciências Sociais, vol. 35, no. 2, 2021, pp. 67-83.

Capítulo 6 – A POLARIZAÇÃO POLÍTI-CA NO BRASIL:

UMA ANÁLISE HISTÓRICA DAS DIVISÕES IDEO-LÓGICAS E SUA RELAÇÃO COM O BOLSONARISMO

A POLARIZAÇÃO POLÍTICA É UMA realidade no Brasil há muitas décadas e tem sido objeto de análise por muitos pesquisadores. Contudo, nos últimos anos, as tensões se intensificaram e se tornaram ainda mais evidentes, especialmente com a ascensão do governo Bolsonaro. O país tem vivido uma polarização política intensa que tem afetado a democracia brasileira de várias formas.

O objetivo deste capítulo final é realizar uma análise histórica das divisões ideológicas no Brasil e sua relação com o bolsonarismo. Serão analisados aspectos históricos e políticos que contribuíram para a polarização, tais como a Ditadura Militar, a redemocratização, a Operação Lava Jato e o impeachment de Dilma Rousseff. Além disso, serão examinados os discursos e ações do presidente

Jair Bolsonaro e de seus apoiadores, bem como a reação dos setores progressistas e da esquerda política.

A polarização política no Brasil tem sido um tema relevante em estudos acadêmicos recentes, porém ainda há muito a ser explorado, especialmente em relação à atual conjuntura política e social do país. Através de uma pesquisa embasada em livros, teses, dados estatísticos, outros artigos, jornais e revistas especializados, pretende-se contribuir para a compreensão desse fenômeno complexo e suas implicações na democracia brasileira.

RAÍZES HISTÓRICAS DA POLARIZAÇÃO POLÍTICA NO BRASIL

A polarização política é uma realidade presente em muitos países, e o Brasil não é exceção. Diversos estudos têm sido realizados a fim de compreender as causas e consequências desse fenômeno, que tem gerado tensões e divisões na sociedade brasileira. Nesse sentido, é importante investigar as raízes históricas da polarização política no Brasil, para entender como ela se manifestou ao longo do tempo e como isso pode contribuir para uma compreensão mais aprofundada do fenômeno.

De acordo com Fico (2014), o período colonial foi marcado por conflitos entre a elite agrária e o Estado português, que tentava controlar a produção de ouro e diamantes. Essa disputa gerou tensões e polarizações que se refletiram em movimentos de resistência, como a Inconfidência Mineira e a Conjuração Baiana. Segundo o autor, esses movimentos são exemplos de como a polarização política no Brasil teve origem em disputas econômicas e sociais.

Na passagem para o século XX, o país experimentou uma série de mudanças políticas, sociais e econômicas que também contribuíram para a polarização. Segundo Carvalho (2012), o processo de modernização do país no início do século XX gerou tensões entre a elite agrária e os setores urbanos em ascensão. Essas tensões se refletiram em disputas políticas, que resultaram em conflitos entre diferentes grupos de interesse.

Durante a Era Vargas, a polarização política se intensificou, de acordo com Costa (2017). Segundo o autor, o governo de Vargas foi marcado por uma forte polarização entre setores conservadores e progressistas. Essa polarização foi intensificada pela criação de leis trabalhistas e pela presença do Estado na economia, que gerou conflitos com os interesses da elite agrária.

No período da ditadura militar (1964-1985), a polarização política se acentuou ainda mais, de acordo com Ridenti (2014). Segundo o autor, o regime militar gerou uma forte polarização entre a esquerda e a direita, que se manifestou em conflitos armados e na repressão a movimentos sociais e políticos. O regime militar também contribuiu para a criação de uma cultura política marcada pela polarização e pelo autoritarismo.

Nos anos recentes, a polarização política no Brasil tem se manifestado de diversas formas, especialmente nas redes sociais e na disputa eleitoral. Segundo Oliveira (2018), o aumento da polarização política no Brasil está relacionado a uma série de fatores, como a crise econômica, a corrupção, a desigualdade social e a disputa pela hegemonia cultural.

A polarização política no Brasil tem raízes históricas profundas, relacionadas a conflitos econômicos, sociais e políticos que se manifestaram ao longo do tempo. A compreensão dessas raízes pode contribuir para uma análise mais aprofundada do fenômeno e para a busca de soluções que possam contribuir para a superação das divisões e para o fortalecimento da democracia brasileira.

O CONTEXTO DA POLARIZAÇÃO POLÍTICA DURANTE A DITADURA MILITAR NO BRASIL E SUA RELAÇÃO COM O BOLSONARISMO

Durante a Ditadura Militar no Brasil (1964-1985), a polarização política foi exacerbada pelo autoritarismo do regime. Como aponta Costa (2017), a ditadura se caracterizou pela perseguição a dissidentes políticos, censura à imprensa e falta de liberdade de expressão, o que gerou uma forte polarização entre os grupos que apoiavam o regime e aqueles que se opunham a ele.

De acordo com Fico (2014), durante o período da ditadura, a polarização política se manifestou de diversas maneiras. Por um lado, havia um grupo de apoiadores do regime que se identificavam com as forças armadas e defendiam a "ordem e progresso", conforme o lema do regime. Por outro lado, havia um grupo de opositores que se identificavam com as lutas pela democracia e os direitos humanos.

Nesse contexto, a polarização política se intensificou com o surgimento de grupos de esquerda que buscavam a luta armada contra o regime, como o Partido Comunista Brasileiro (PCB) e as organizações armadas como a Vanguarda Popular Revolucionária (VPR) e a Ação Libertadora Nacional (ALN). Esses grupos foram perseguidos e muitos de seus membros foram presos, torturados e mortos pelos militares.

Com o fim da ditadura, houve uma abertura política que permitiu a retomada da democracia no Brasil. No entanto, a polarização política não desapareceu. Ao contrário, segundo Ridenti (2014), ela se manifestou de maneiras diferentes ao longo das décadas seguintes, envolvendo debates sobre temas como a desigualdade social, a luta pelos direitos civis e a crise econômica.

Atualmente, a polarização política no Brasil se expressa em torno de pautas como a corrupção, a segurança pública, a economia e a educação. E, segundo Oliveira (2018), uma nova classe média emergiu nos últimos anos, o que tem influenciado o cenário político do país.

Com a eleição de Jair Bolsonaro em 2018, a polarização política no Brasil alcançou um novo patamar. Bolsonaro se elegeu com um discurso que se opunha ao sistema político tradicional, defendendo valores conservadores e uma visão autoritária do poder. Seu governo tem sido marcado por controvérsias, incluindo ações polêmicas em áreas como a educação, a cultura e o meio ambiente.

Nesse contexto, a polarização política se manifesta de maneira acirrada entre os apoiadores e opositores do governo Bolsonaro. Alguns estudiosos apontam que o bolsonarismo se baseia em uma visão populista da política, que busca dividir a sociedade entre "eles" e "nós", e que tem semelhanças com o autoritarismo da ditadura militar (Abranches, 2019).

Portanto, a polarização política no Brasil tem suas raízes históricas na Ditadura Militar, e sua relação com o bolsonarismo deve ser analisada em um contexto mais amplo de disputas políticas e ideológicas que marcaram o país ao longo das décadas.

A POLARIZAÇÃO POLÍTICA BRASILEIRA DURANTE A REDEMOCRATIZAÇÃO

A polarização política brasileira durante a redemocratização foi um processo complexo e multifacetado, influenciado por diversos fatores históricos e sociais. De acordo com Carvalho (2015), a redemocratização foi marcada por uma série de mudanças políticas e institucionais, incluindo a promulgação da Constituição de 1988 e a realização de eleições livres e diretas para presidente da República.

No entanto, a transição democrática no Brasil também foi acompanhada por uma intensificação da polarização política, que se manifestou em diferentes aspectos da vida social e política do país. Segundo Lima (2019), a polarização política durante a redemocratização teve suas raízes na polarização ideológica que marcou o período da ditadura militar.

Durante a ditadura, as forças políticas brasileiras foram divididas em dois grupos principais: aqueles que apoiavam o regime militar e aqueles que lutavam contra ele. Essa polarização política foi exacerbada pela repressão e perseguição política realizada pelo regime, que gerou uma forte oposição aos militares e aos grupos políticos que os apoiavam.

Após o fim da ditadura, a polarização política no Brasil continuou, agora entre os grupos políticos que lutavam pela redemocratização e aqueles que se opunham a ela. Nesse contexto, a polarização se manifestou em debates sobre questões políticas, econômicas e sociais, como o papel do Estado na economia, a distribuição de renda e a garantia dos direitos sociais.

De acordo com Ridenti (2019), a polarização política durante a redemocratização se intensificou em momentos de crise política e econômica, como o processo de impeachment do presidente Collor em 1992 e a crise econômica de 1999. Nessas ocasiões, as diferenças ideológicas entre os grupos políticos se tornaram mais evidentes e a polarização se acentuou.

No entanto, a polarização política brasileira durante a redemocratização também foi influenciada por fatores estruturais da sociedade brasileira, como a desigualdade social e a concentração de poder econômico e político. De acordo com Souza (2013), a polarização política no Brasil reflete a luta por poder entre os diferentes grupos sociais, que disputam o controle dos recursos políticos e econômicos do país.

Atualmente, a polarização política no Brasil continua a ser um tema central do debate público. A eleição de Jair Bolsonaro em 2018 e sua gestão presidencial têm sido marcados por uma forte polarização entre seus apoiadores e opositores. Segundo Abranches (2019), o bolsonarismo se baseia em uma visão populista da política, que busca dividir a sociedade entre "nós" e "eles" e que tem semelhanças com o autoritarismo da ditadura militar.

A polarização política brasileira durante a redemocratização foi influenciada por uma série de fatores históricos, sociais e políticos, e reflete a luta por poder entre os diferentes grupos sociais do país. A intensificação da polarização política durante a gestão presidencial de Bolsonaro sugere que o país ainda enfrenta desafios significativos em relação à consolidação da democracia e à construção de um sistema político mais inclusivo e representativo.

A OPERAÇÃO LAVA-JATO COMO CAUSA DA RADICALIZAÇÃO POLÍTICA NO BRASIL

A Operação Lava-Jato, iniciada em 2014, tornou-se uma das maiores investigações de corrupção na história do Brasil. Com a prisão de importantes políticos e empresários, a operação expôs a corrupção sistêmica no país e levantou questões sobre a relação entre política e negócios no Brasil. No entanto, a Operação Lava-Jato também gerou uma polarização política e social sem precedentes no país. Nesse sentido, este texto busca analisar a Operação Lava-Jato como causa da radicalização política no Brasil.

Para entender a relação entre a Operação Lava-Jato e a radicalização política no Brasil, é importante considerar a corrupção como um problema estrutural no país. De acordo com Boito Jr. (2015), a corrupção no Brasil é uma característica do capitalismo dependente brasileiro, que se baseia em relações clientelistas entre Estado e empresários. Essa relação entre Estado e empresários tem impactos diretos na vida política do país, uma vez que os empresários financiam campanhas políticas e influenciam as decisões do Estado.

Nesse contexto, a Operação Lava-Jato foi percebida por muitos brasileiros como uma oportunidade para que a justiça fosse feita e a corrupção fosse combatida. No entanto, a operação também gerou uma polarização política sem precedentes no país. De acordo com Cardoso e Sampaio (2020), a Operação Lava-Jato foi responsável por uma ruptura na ordem política anterior, abrindo espaço para uma nova ordem política e social. Essa nova ordem política e social foi caracterizada pela polarização, que se manifestou em diferentes formas de manifestação pública, tais como protestos de rua, uso intensivo de redes sociais, e manifestações políticas.

Além disso, a Operação Lava-Jato também teve um impacto significativo nas eleições presidenciais de 2018. De acordo com dados do Tribunal Superior Eleitoral, mais de 70% dos eleitores consideravam a corrupção como o principal problema do país na época da eleição (TSE, 2018). Esse dado demonstra como a Operação Lava-Jato mudou a percepção dos eleitores sobre a corrupção e a política no país.

No entanto, a Operação Lava-Jato também gerou críticas significativas. De acordo com Boito Jr. (2020), a operação foi motivada por um desejo de combater a corrupção, mas acabou se tornando uma forma de perseguição política. O autor argumenta que a Operação Lava-Jato foi seletiva em suas investigações, favorecendo determinados partidos políticos e empresários em detrimento de outros. Essa seletividade gerou desconfiança em relação à justiça brasileira e alimentou a polarização política.

Outro fator que contribuiu para a radicalização política no Brasil foi a manipulação da Operação Lava-Jato pela mídia brasileira. De acordo com Vargas e Mariano (2021), a mídia brasileira exerceu um papel importante na construção de uma narrativa de corrupção e de combate à corrupção. Essa narrativa foi constr uída com base em um discurso moralista e simplista, que apresentava a corrupção como um problema individual e não estrutural. Além disso, a mídia brasileira foi seletiva em sua cobertura da Operação Lava-Jato, favorecendo determinados políticos e partidos em detrimento de outros. Essa manipulação da mídia gerou uma polarização política ainda maior no país, ao criar uma divisão entre aqueles que apoiavam a Operação Lava-Jato e aqueles que a criticavam.

Por fim, é importante destacar que a radicalização política no Brasil não é um fenômeno exclusivo da Operação Lava-Jato. Segundo Chalhoub e Silva (2020), a polarização política no Brasil é um resultado da crise da democracia brasileira, que se manifesta em diferentes formas, tais como a desigualdade social, o racismo, o machismo, e a intolerância política. Nesse sentido, a Operação Lava-Jato é apenas um fator entre vários que contribuem para a radicalização política no país.

A Operação Lava-Jato teve um impacto significativo na política brasileira, ao expor a corrupção sistêmica no país e mudar a percepção dos eleitores sobre a política. No entanto, a operação também gerou uma polarização política sem precedentes, ao alimentar a seletividade e manipulação da mídia brasileira. É importante compreender a Operação Lava-Jato dentro do contexto estrutural da corrupção e da crise da democracia brasileira, a fim de desenvolver soluções efetivas para a radicalização política no país.

O IMPEACHMENT DE DILMA ROUSSEFF COMO CONSEQUÊNCIA DA POLARIZAÇÃO POLÍTICA

O impeachment da ex-presidente Dilma Rousseff em 2016 foi um dos momentos mais controversos da política brasileira recente. Além das acusações de crime de responsabilidade, o impeachment também foi resultado da polarização política no país. Nesse sentido, este texto busca analisar o impeachment de Dilma Rousseff como consequência da polarização política no Brasil.

A polarização política no Brasil tem sido um tema frequente nas últimas décadas. Segundo Bonnecase (2019), a polarização política é uma característica de democracias recentes, onde as instituições políticas são relativamente novas e ainda não consolidadas. No caso brasileiro, a polarização política tem suas raízes na transição democrática da década de 1980, quando os partidos políticos foram criados e começaram a competir pelo poder.

No entanto, a polarização política no Brasil se intensificou nos últimos anos, especialmente com o governo do Partido dos Trabalhadores (PT) e a Operação Lava-Jato. Segundo Cardoso e Sampaio (2020), a polarização política no Brasil se agravou a partir da Operação Lava-Jato, que dividiu a sociedade entre aqueles que apoiavam a operação e aqueles que a criticavam. A polarização também foi alimentada pela crise econômica e pela crise política, que levaram a um clima de instabilidade e incerteza.

Nesse contexto, o impeachment de Dilma Rousseff foi resultado da polarização política no país. Segundo Pires (2017), o impeachment foi uma resposta à crise política e econômica que o país enfrentava, mas também foi um reflexo da polarização política. A autora argumenta que o impeachment foi uma forma que os políticos encontraram para tirar Dilma Rousseff do poder e acabar com a polarização política que dominava o país.

No entanto, o impeachment de Dilma Rousseff também gerou críticas significativas. De acordo com Boito Jr. (2019), o impeachment foi um golpe parlamentar que violou a Constituição e a democracia no país. O autor argumenta que o impeachment foi uma forma de impedir a continuidade do governo do PT e das políticas sociais que haviam sido implementadas nos últimos anos. Além disso, o impeachment também gerou desconfiança em relação à justiça brasileira e à política em geral.

Por fim, é importante destacar que o impeachment de Dilma Rousseff teve um impacto significativo na sociedade brasileira. De acordo com dados do Datafolha (2016), cerca de 61% dos brasileiros apoiaram o impeachment de Dilma Rousseff. No entanto, a polarização política no país não diminuiu após o impeachment, e ainda persiste como um dos principais desafios para a democracia brasileira.

GRUPOS IDEOLÓGICOS NA POLÍTICA BRASILEIRA

A política brasileira é caracterizada por uma grande variedade de grupos ideológicos, que representam diferentes interesses e visões sobre o papel do Estado na sociedade. Esses grupos ideológicos se organizam em partidos políticos e buscam representar suas posições nas instituições políticas do país. Nesse sentido, este texto tem como objetivo analisar os grupos ideológicos na política brasileira.

No Brasil, os grupos ideológicos podem ser divididos em diferentes categorias, como esquerda, direita e centro. Segundo Melo (2017), a esquerda é caracterizada por defender uma maior intervenção do Estado na economia, a redução das desigualdades sociais e a defesa dos direitos sociais. Já a direita é caracterizada por defender a liberdade econômica, a redução do tamanho do

Estado e a valorização do livre mercado. Por fim, o centro é caracterizado por buscar um equilíbrio entre essas duas visões.

Entre os partidos políticos brasileiros, podemos encontrar representantes desses diferentes grupos ideológicos. Segundo Santoro (2020), o Partido dos Trabalhadores (PT) é um exemplo de partido de esquerda no Brasil, enquanto o Partido Social Liberal (PSL) é um exemplo de partido de direita. Já o Movimento Democrático Brasileiro (MDB) é um partido de centro, que busca representar um espectro mais amplo de visões políticas.

No entanto, é importante destacar que essas categorias não são fixas e podem variar de acordo com o contexto político e social. Segundo Avritzer (2018), a polarização política no Brasil tem levado a uma reconfiguração dos grupos ideológicos, com a emergência de novas visões políticas e a fragmentação dos partidos políticos tradicionais.

Além disso, é importante destacar que os grupos ideológicos no Brasil muitas vezes se organizam em torno de questões específicas, como a defesa dos direitos das minorias, a luta pela igualdade de gênero, a proteção do meio ambiente, entre outras. Segundo Biroli (2018), essas questões são fundamentais para entender as posições políticas dos diferentes grupos ideológicos no país.

Por fim, é importante destacar que os grupos ideológicos na política brasileira são influenciados por diferentes fatores, como a mídia, as elites políticas, os movimentos sociais e as organizações empresariais. Segundo Mainwaring (2018), esses fatores têm um papel importante na definição das posições políticas dos diferentes grupos ideológicos e na construção de alianças políticas.

A política brasileira é caracterizada por uma grande variedade de grupos ideológicos, que representam diferentes visões sobre o papel do Estado na sociedade. Esses grupos ideológicos se organizam em partidos políticos e buscam representar suas posições nas instituições políticas do país. No entanto, é importante destacar que essas categorias não são fixas e podem variar de acordo com o contexto político e social, e que os grupos ideológicos são influenciados por diferentes fatores, como a mídia e as elites políticas.

A RELAÇÃO ENTRE A POLARIZAÇÃO POLÍTICA E O BOLSONARISMO

A polarização política é um fenômeno que tem se intensificado no Brasil nos últimos anos e tem sido relacionado ao surgimento do bolsonarismo como movimento político. Nesse sentido, este texto tem como objetivo analisar a relação entre a polarização política e o bolsonarismo.

Segundo Mainwaring (2018), a polarização política pode ser definida como a divisão dos grupos políticos em duas posições extremas, com pouco espaço para o diálogo e a negociação. Esse fenômeno tem sido observado em diversos países, incluindo o Brasil, e tem sido relacionado a fatores como a desigualdade econômica, o descontentamento com as instituições políticas e a influência das mídias sociais.

O bolsonarismo, por sua vez, tem sido definido como um movimento político que se originou em torno da figura do presidente Jair Bolsonaro e que se caracteriza por posições políticas conservadoras, nacionalistas e anti-establishment (Gomes, 2020). Segundo Gomes (2020), o bolsonarismo surgiu em um contexto de polarização política e tem se beneficiado da fragmentação dos partidos políticos tradicionais e do desgaste das instituições políticas.

De fato, as eleições presidenciais de 2018 foram marcadas por uma forte polarização política, com uma grande divisão entre os eleitores do candidato Jair Bolsonaro e os eleitores do candidato Fernando Haddad. Segundo o Datafolha (2018), cerca de 60% dos eleitores de Bolsonaro se definiram como de direita, enquanto cerca de 70% dos eleitores de Haddad se definiram como de esquerda. Além disso, a pesquisa mostrou que a polarização se aprofundou em temas como a corrupção e a segurança pública.

No entanto, é importante destacar que o bolsonarismo não se limita apenas aos eleitores de Jair Bolsonaro, mas se estende a uma ampla rede de apoiadores e simpatizantes. Segundo Mello e Castro (2020), o bolsonarismo se caracteriza por uma forte identidade coletiva, baseada em valores como a defesa da família, a segurança pública e o combate à corrupção. Essa identidade coletiva tem sido construída a partir de uma narrativa que se opõe às elites políticas e midiáticas e que valoriza a figura de Jair Bolsonaro como um líder carismático e autêntico.

No entanto, é importante destacar que o bolsonarismo não é uma ideologia homogênea e tem sido marcado por tensões internas e disputas de poder. Segundo Mello e Castro (2020), existem diferentes grupos dentro do bolsonarismo, com diferentes visões sobre temas como a economia, a política externa e a gestão da pandemia de Covid-19. Além disso, o bolsonarismo tem enfrentado críticas e resistências de diversos setores da sociedade, incluindo movimentos sociais, organizações da sociedade civil, partidos políticos e instituições democráticas.

A polarização política tem sido um fator importante para o surgimento e a consolidação do bolsonarismo como movimento político no Brasil. O bolsonarismo se caracteriza por uma forte identidade coletiva, baseada em valores conservadores, nacionalistas e anti-establishment, que se opõem às elites políticas e midiáticas. No entanto, é importante destacar que o bolsonarismo não é uma ideologia homogênea e tem enfrentado críticas e resistências de diversos setores da sociedade.

O PAPEL DA MÍDIA NA POLARIZAÇÃO PO-LÍTICA

A mídia tem um papel importante na formação da opinião pública e na polarização política, especialmente em contextos de democracias fragilizadas (Bennett, 2012). Nesse sentido, este texto tem como objetivo analisar o papel da mídia na polarização política no Brasil.

Segundo Bennett (2012), a mídia pode contribuir para a polarização política de diversas formas, como por exemplo: a) enfatizando a visão de mundo de um determinado grupo político; b) criando e reforçando estereótipos sobre determinados grupos políticos; c) limitando o debate público ao enfocar somente alguns temas em detrimento de outros.

No contexto brasileiro, a mídia tem sido acusada tanto de favorecer quanto de prejudicar o bolsonarismo, dependendo do veículo de comunicação. Por exemplo, o jornal Folha de S. Paulo, um dos mais importantes do país, adotou uma postura crítica ao bolsonarismo desde antes das eleições de 2018, publicando reportagens que revelaram supostas práticas ilícitas da campanha de Jair

Bolsonaro e de seus aliados (Gomes, 2020). De maneira contrária, as emissoras de televisão SBT e Record, cujos proprietários são apoiadores declarados do presidente, têm sido acusadas de favorecer o governo em sua cobertura jornalística (Terra, 2021).

Além disso, a mídia social tem se mostrado um ambiente propício para a disseminação de *fake news* e informações distorcidas, contribuindo para a polarização política (Gomes, 2020). Segundo a pesquisa do Datafolha (2018) citada anteriormente, cerca de 70% dos eleitores de Bolsonaro usaram as redes sociais como fonte de informação na campanha eleitoral. Isso mostra a importância das redes sociais como um meio de formação da opinião pública e de disseminação de informações.

Por outro lado, a mídia também pode ter um papel importante na redução da polarização política, ao promover um debate plural e democrático e ao apresentar visões de mundo diferentes. Nesse sentido, a mídia deve buscar uma cobertura equilibrada e imparcial, com a apresentação de diferentes pontos de vista e a checagem das informações (Bennett, 2012).

A mídia tem um papel importante na polarização política, tanto ao contribuir para a fragmentação do debate público quanto ao promover um debate plural e democrático. É importante que os veículos de comunicação busquem uma cobertura equilibrada e imparcial, com a apresentação de diferentes pontos de vista e a checagem das informações.

DESAFIOS PARA A CONSTRUÇÃO DE UM DIÁLOGO POLÍTICO

O diálogo político é uma das ferramentas mais importantes para o fortalecimento da democracia e a resolução de conflitos. No entanto, construir um diálogo político efetivo e produtivo é um desafio para os governos e sociedades em todo o mundo (Babbie, 2017). Neste texto, serão discutidos alguns dos principais desafios enfrentados na construção de um diálogo político.

Um dos principais desafios é a polarização política. A polarização ocorre quando os grupos políticos se distanciam cada vez mais em suas crenças e ideologias, tornando mais difícil a construção de um diálogo produtivo. Segundo o estudo de Azevedo e Santos (2019), a polarização política pode levar à perda de confiança nas instituições democráticas e à erosão da confiança entre os cidadãos.

Outro desafio é a falta de confiança nas instituições democráticas. A confiança nas instituições políticas é essencial para a construção de um diálogo produtivo e a tomada de decisões democráticas. No entanto, a falta de confiança nas instituições políticas tem aumentado em muitos países, o que pode dificultar a construção de um diálogo político efetivo (Helliwell, Layard & Sachs, 2019).

A falta de participação cidadã é outro desafio. A participação cidadã é fundamental para a construção de um diálogo político efetivo, mas muitos cidadãos se sentem desencorajados ou excluídos do processo político (Wampler & Avritzer, 2014). A falta de participação cidadã pode levar à falta de representatividade no processo político e à tomada de decisões pouco democráticas.

Finalmente, a polarização das mídias sociais é um desafio crescente para a construção de um diálogo político produtivo. As mídias sociais têm sido acusadas de reforçar a polarização política, criando bolhas de opinião que dificultam a construção de um diálogo plural e democrático (Sunstein, 2017).

Para enfrentar esses desafios e construir um diálogo político efetivo, é necessário buscar soluções que promovam a confiança nas instituições democráticas, incentivem a participação cidadã, reduzam a polarização política e combatam a polarização das mídias sociais. Entre essas soluções, podemos destacar a promoção de debates públicos, a criação de espaços de diálogo e a participação ativa da sociedade civil na tomada de decisões políticas (Avritzer, 2019).

Construir um diálogo político efetivo é um desafio complexo que envolve vários fatores, como a polarização política, a falta de confiança nas instituições democráticas, a falta de participação cidadã e a polarização das mídias sociais. No entanto, é fundamental buscar soluções que promovam a confiança nas instituições democráticas, incentivem a participação cidadã, reduzam a polarização política e combatam a polarização das mídias sociais, para fortalecer a democracia e alcançar uma sociedade mais justa e equitativa.

CONSIDERAÇÕES

Considerando as análises históricas e teóricas apresentadas neste texto, pode-se afirmar que a polarização política no Brasil tem raízes profundas e complexas. Ela se relaciona com as diversas crises políticas, sociais e econômicas enfrentadas pelo país ao longo de sua história, bem como com a falta de consenso em torno de questões fundamentais como a distribuição de renda, o acesso à educação e saúde, a defesa dos direitos humanos e a proteção do meio ambiente.

A eleição de Jair Bolsonaro em 2018 acentuou a polarização política no Brasil, ao mesmo tempo em que expressou suas causas e consequências. Como destacado neste texto, Bolsonaro se apresentou como uma alternativa às elites políticas tradicionais, mobilizando setores conservadores e autoritários da sociedade brasileira. Ao mesmo tempo, sua agenda política e ideológica tem sido marcada pela negação de valores democráticos fundamentais, como a liberdade de expressão, a diversidade cultural, o respeito às minorias e a independência dos poderes.

Para enfrentar a polarização política no Brasil, é necessário buscar soluções que fortaleçam a democracia e a participação cidadã, promovam a justiça social e a equidade, e combatam o discurso do ódio e da violência. Como apontado por diversos autores, isso implica em investir na educação e na formação política da população, no fortalecimento das instituições democráticas, na transparência e na accountability dos governos, e na criação de espaços de diálogo e participação social.

Segundo O'Donnell (2004), é fundamental fortalecer a sociedade civil como contrapeso às elites políticas e econômicas, por meio de associações, sindicatos, grupos de defesa de direitos humanos e meio ambiente, entre outros. Além disso, é preciso garantir que esses grupos tenham acesso aos espaços de poder e possam influenciar as políticas públicas, de forma a promover a justiça social e a inclusão.

Outra estratégia importante é investir na comunicação e no diálogo intercultural, como defende Freire (1970). Isso implica em criar espaços de encontro e convivência entre diferentes grupos sociais, bem como em fomentar o diálogo e a troca de experiências e saberes. Para Freire, o diálogo é uma forma de superar as polarizações e construir uma sociedade mais justa e democrática.

Por fim, é importante destacar a importância de políticas públicas que visem à redução das desigualdades sociais e econômicas, como a redistribuição de renda, a criação de empregos e a oferta de serviços públicos de qualidade. Segundo Piketty (2013), a redução das desigualdades é fundamental para a construção de uma sociedade mais justa e democrática, e pode contribuir para reduzir a polarização política.

Em suma, a polarização política no Brasil é um problema complexo e multifacetado, que exige soluções igualmente complexas e abrangentes. Nesse sentido, é fundamental investir na democracia, na participação cidadã, na justiça social e na redução das desigualdades, de forma a construir uma sociedade mais justa, igualitária e democrática. Como apontado por diversos autores, a solução para esse problema passa pelo fortalecimento das instituições democráticas, pela participação ativa da sociedade civil e pela promoção do diálogo intercultural e do respeito às diferenças. Além disso, é fundamental a adoção de políticas públicas que visem à redução das desigualdades sociais e econômicas, como a redistribuição de renda e a oferta de serviços públicos de qualidade.

Portanto, é necessário que todos os setores da sociedade brasileira se unam em torno dessas soluções factíveis e realistas, para que possamos construir um país mais justo, igualitário e democrático, livre da polarização política que tanto tem afetado a nossa democracia. É hora de buscarmos um caminho de conciliação, diálogo e respeito mútuo, para que possamos superar as divisões ideológicas e trabalhar juntos pelo bem comum. Como destacado por Paulo Freire (1970), "a verdadeira transformação social começa pela ação dialógica entre sujeitos comprometidos com a construção de um mundo mais justo e humano".

REFERÊNCIAS

ABRANCHES, M. Bolsonaro e o novo populismo no Brasil. Novos Estudos, v. 38, n. 1, p. 33-45, 2019.

ABRANCHES, M. Bolsonaro, o capitão que chegou tarde. Novos Estudos CEBRAP, v. 38, n. 2, p. 39-55, 2019.

AVRITZER, L. (2019). Participatory democracy and public policies in Brazil. In S. S. Lim (Ed.), Routledge Handbook of Civil Society in Asia (pp. 142-152). Routledge.

AVRITZER, Leonardo. Democracy and the public sphere in Latin America. Springer, 2018.

AZEVEDO, R. & SANTOS, R. (2019). Polarização política e crise da democracia. Revista de Sociologia e Política, 27(68), 25-44.

AZEVEDO, R., & SANTOS, F. (2019). Polarização política e confiança nas instituições democráticas. Revista Brasileira de Ciências Sociais, 34(100), 1-24.

BABBIE, E. (2017). The Practice of Social Research. Cengage Learning.

BENNETT, W. Lance. The personalization of politics: Political identity, social media, and changing patterns of participation. The ANNALS of the American Academy of Political and Social Science, v. 644, n. 1, p. 20-39, 2012.

BIROLI, Flávia. Gênero e desigualdades: limites da democracia no Brasil. Boitempo, 2018.

BOITO JR., Armando. A judicialização da política no Brasil e a crise da democracia. Lua Nova: Revista de Cultura e Política, n. 106, p. 29-49, 2019.

BOITO JR., Armando. Política brasileira: crise, ruptura e recuperação. Editora UNESP, 2020.

BONNECASE, Vincent. Polarização política e direito constitucional: uma reflexão a partir da teoria da democracia deliberativa. Revista de Direito e Estado, v. 14, n. 3, p. 1-24, 2019.

CARDOSO, Gustavo; SAMPAIO, Rafael. Lava Jato, polarização política e crise de representatividade no Brasil. Civitas-Revista de Ciências Sociais, v. 20, n. 2, p. 207-224, 2020.

CARDOSO, Fernando Henrique; SAMPAIO, Rafael. A nova ordem política e social. Novos estudos - CEBRAP, v. 39, n. 3, p. 9-18, 2020.

CARVALHO, J. M. A construção da ordem: a elite política imperial. Rio de Janeiro: Civilização Brasileira, 2015.

CARVALHO, J. M. de. Os bestializados: o Rio de Janeiro e a República que não aconteceu. São Paulo: Companhia das Letras, 2012

CHALHOUB, Sidney; SILVA, Eduardo. Política no Brasil: diagnósticos, desafios e perspectivas. Boi

tempo, 2020.

COSTA, R. D. O papel da memória nas relações entre justiça de transição e democracia: o caso brasileiro. Revista Brasileira de Ciência Política, n. 23, p. 195-218, 2017.

COSTA, E. V. A democracia impura: a transição do autoritarismo para a democracia no Brasil. São Paulo: Editora Unesp, 2017.

DATAFOLHA. Pesquisa Eleitoral 2018. Disponível em: https://datafolha.folha.uol.com.br/po/eleicoes-2018/. Acesso em: 21 fev. 2023.

DATAFOLHA. Eleitores de Bolsonaro e Haddad têm pouca convergência. Disponível em: https://datafolha.folha.uol.com.br/opiniaopublica/2018/10/198217

4-eleitores-de-bolsonaro-e-haddad-tem-pouca-convergencia.shtml.
Acesso em: 21 fev. 2023.

DATAFOLHA. 61% são favoráveis à saída de Dilma. Disponível em:
https://datafolha.folha.uol.com.br/opiniaopublica/2016/04/176724
9-61-sao-favoraveis-a-saida-de-dilma.shtml. Acesso em: 22 de fev.
2023.

FREIRE, P. (1970). Pedagogia do oprimido. Rio de Janeiro: Paz e Terra.

FICO, C. Ditadura militar, esquerdas e sociedade. Rio de Janeiro: Paz
e Terra, 2014.

FICO, C. Além do golpe: versões e controvérsias sobre 1964 e a ditadura militar. Rio de Janeiro: Record, 2014.

GOMES, W. P. O papel da mídia na polarização política no Brasil.
Revista de Política, v. 25, n. 1, p.

104-121, 2020.

GOMES, W. (2020). O bolsonarismo e a mídia brasileira. Novos es-
tud. CEBRAP, 39(3), 372-393.

GOMES, W. C. Bolsonaro e o bolsonarismo. Novos Estudos, São
Paulo, n. 116, p. 9-21, 2020.

HELLIWELL, J., LAYARD, R., & SACHS, J. (2019). World Happiness
Report 2019. Sustainable Development Solutions Network.

LIMA, M. B. A polarização política na sociedade brasileira contemporânea: reflexões a partir da perspectiva da comunicação política.
In: Congresso Brasileiro de Ciências da Comunicação, 42., 2019, Belém. Anais... Belém: Intercom, 2019. p. 1-18.

MAINWARING, S. Poliarquia, representação e responsabilidade:
por uma teoria da accountability político-institucional no Brasil contemporâneo. Lua Nova, São Paulo, n. 74, p. 37-66, 2008.

MAINWARING, Scott. Democracia, partidos políticos e representação no Brasil. Revista Brasileira de Ciências Sociais, vol. 33, n. 97, 2018.

MELLO, L.; CASTRO, A. G. O que é bolsonarismo. Rio de Janeiro: Contraponto, 2020.

MELO, Marcus André. Ciência Política: teorias e abordagens. Editora Atlas, 2017.

MENEZES, M. L. (2020). O bolsonarismo e a nova direita no Brasil: uma análise crítica. Revista de Sociologia e Política

O'DONNELL, G. (2004). Desenvolvimento democrático: uma perspectiva comparativa. São Paulo: Fundação Editora da UNESP.

OLIVEIRA, F. N. O Novo Brasil: emergência de uma nova classe média. São Paulo: Ed. UNESP, 2018.

OLIVEIRA, F. de. A nova classe média no espelho: desigualdades, representação e conflito no Brasil. São Paulo: Boitempo, 2018.

PIKETTY, T. (2013). O capital no século XXI. São Paulo: Intrínseca.

PIRES, Amanda. O impeachment de Dilma Rousseff e o sistema político brasileiro. Cadernos de Pesquisa Interdisciplinar em Ciências Humanas, v. 18, n. 2, p. 169-182, 2017.

RIDENTI, M. O Brasil no século XXI. São Paulo: Editora Unesp, 2019.

RIDENTI, M. Em busca do povo brasileiro: artistas da revolução, do CPC à era da TV. São Paulo: Editora da UNESP, 2014.

RIDENTI, M. O fantasma da revolução brasileira. São Paulo: Editora Unesp, 2014.

SANTORO, Maurício. Partidos políticos no Brasil: formação, mudança e crise. Editora FGV, 2020.

SOUZA, J. Desigualdades sociais e luta por reconhecimento no Brasil. São Paulo: Editora 34, 2013.

SUNSTEIN, C. R. (2017). #Republic: Divided democracy in the age of social media. Princeton University Press.

TERRA, M. J. T. A polarização política na cobertura jornalística: O papel das emissoras de televisão no Brasil. Tese de Doutorado. Universidade Federal de Minas Gerais, Belo Horizonte, 2021.

TERRA. (2021). SBT e Record sofrem processo por favorecimento a Bolsonaro. Acessado em 22 de fevereiro

TRIBUNAL SUPERIOR ELEITORAL. Resultado da apuração: eleições 2018. Disponível em: http://divulga.tse.jus.br/oficial/index.html. Acesso em: 23 fev. 2023.

VARGAS, Herom; MARIANO, Renato. A manipulação midiática da Lava-Jato: um estudo de caso. Revista Brasileira de Política Internacional, v. 64, n. 1, p. 1-21, 2021.

WAMPLER, B., & AVRITZER, L. (2014). Participatory budgeting in Brazil: Contestation, cooperation, and accountability. University of Pennsylvania Press.

CONSIDERAÇÕES FINAIS

Ao concluir esta obra, é importante destacar a relevância e a complexidade das temáticas abordadas. A análise dos regimes totalitários do século XX e sua influência no bolsonarismo, bem como a comparação com o nazismo e o fascismo, demandaram um profundo estudo das origens e características desses regimes autoritários e de suas manifestações contemporâneas no contexto brasileiro.

A disseminação do discurso de ódio no bolsonarismo, comparável em muitos aspectos com o que ocorreu durante o nazismo e o fascismo, exigiu uma análise minuciosa das estratégias de propaganda e controle da mídia, que têm sido utilizadas como instrumentos de manipulação da opinião pública e de legitimação do autoritarismo.

A economia do bolsonarismo, objeto de uma análise crítica do neoliberalismo e suas conexões com o fascismo, permitiu identificar como as políticas econômicas adotadas pelo governo Bolonaro acabaram agravando a concentração de riqueza e poder, favorecendo uma elite político-econômica que governa em detrimento dos interesses da maioria da população.

As estratégias de propaganda e controle da mídia no bolsonarismo, que se assemelham em muitos aspectos ao que ocorreu durante o nazismo e o fascismo, apontaram para a importância da vigilância crítica e da defesa dos princípios democráticos, sobretudo em um contexto de crise política e institucional como o atual.

A polarização política no Brasil, objeto de uma análise histórica das divisões ideológicas e sua relação com o bolsonarismo, permitiu compreender como as raízes desse processo remontam ao próprio processo de formação da sociedade brasileira e como essa polarização tem sido utilizada como instrumento de legitimação do autoritarismo e de enfraquecimento da democracia.

Por fim, a análise do papel da justiça na luta contra o autoritarismo, com ênfase no judiciário brasileiro e sua relação com o bolsonarismo, evidenciou as possibilidades e limites das instituições democráticas em um contexto de crise e retrocesso político. Nesse sentido, é fundamental fortalecer a independência e a capacidade de atuação do judiciário, bem como das demais instituições democráticas, para garantir o respeito aos direitos fundamentais e o avanço da democracia no Brasil.

Dessa forma, espero que, ao final da leituras deste livro, eu possa ter contribuído para o seu entendimento do debate crítico sobre o bolsonarismo e os desafios que ele coloca para a democracia brasileira. Acredito realmente que a análise apresentada aqui pode ser útil para todos aqueles que se preocupam com a defesa dos direitos humanos, da liberdade e da justiça, em um momento histórico tão desafiador para a sociedade brasileira e para a democracia em todo o mundo.

Raul G. M. Silva

Sobre o autor

Foto - © 2023 Michael Andrade

Raul G. M. Silva nasceu em 31 de outubro de 1991 em Arcoverde, PE. Desde cedo, mostrou interesse em literatura e escrita criativa. Depois de concluir o ensino médio, decidiu estudar Letras na Faculdade de Formação de Professores de Arcoverde, onde se formou em 2015. Durante a graduação, começou a escrever contos de ficção e fantasia, explorando mundos imaginários e personagens cativantes.

Após concluir a graduação, Raul decidiu se especializar em Língua Portuguesa e Suas Literaturas, também na Faculdade de Formação de Professores de Arcoverde, curso que concluiu em 2018. Em 2013, publicou seu primeiro livro, A Lenda dos Cinco Povos - A Terra de Almar, que se tornou um sucesso entre os amantes de ficção e fantasia. O livro conta a história de um mundo mágico e perigoso, dividido em cinco reinos, onde quatro jovens heróis devem enfrentar grandes desafios para voltar para sua terra natal.

Além de sua carreira de escritor, Raul também é um professor efetivo na rede estadual de ensino de Pernambuco, lecionando na Escola de Referência em Ensino Médio de Arcoverde. Ele tem experiência na área de Letras, com ênfase em Língua Portuguesa, Língua Inglesa, Literatura em Língua Portuguesa, Literatura Contemporânea, Letramento Literário e Produção de Textos. Raul também é professor orientador de projetos de investigação e produção textual científica, e realiza oficinas, pesquisas e trabalhos nas áreas de escrita literária, teoria literária e literatura comparada.

Além de sua paixão pela literatura, Raul também é um pesquisador na área de Ciências Políticas, onde tem artigos relacionados à sociedade e política brasileira publicados em plataformas como Scielo e Zenodo. Ele também possui um blog de jornalismo de opinião, onde escreve sobre assuntos relacionados a educação, literatura, política e sociedade.

Nas horas vagas, Raul trabalha em dois projetos relacionados à literatura e incentivo à leitura: seu canal no YouTube, Mundi Ex-Libri, onde toda semana ele fala sobre livros, teoria literária, faz críticas e resenhas de leituras; e o podcast Libricast, disponível em todas as plataformas de áudio, onde ele fala sobre livros, crítica literária, teoria da literatura, política e educação.

Raul está atualmente cursando bacharelado em Letras pela Universidade Estácio de Sá, bacharelado em Jornalismo pelo Centro Universitário Leonardo Da Vince - UNIASSELVI e as especializações de Jornalismo Digital, Ciências Políticas e Literatura Infanto-Juvenil pela Faculdade Única de Ipatinga.